EDUCAÇÃO PERSONALIZADA
E O COLÉGIO DOS NOSSOS FILHOS

Conheça nossos clubes

Conheça nosso site

- @editoraquadrante
- @editoraquadrante
- @quadranteeditora
- Quadrante

Copyright © 2015 Quadrante Editora

Capa
Provazi Design

Dados Internacionais de Catalogação na Publicação (CIP)

Faustino, Evandro
Educação personalizada — e o colégio dos nossos filhos / Evandro Faustino — 2ª ed. — São Paulo: Quadrante Editora, 2023.

ISBN: 978-85-7465-499-7

1. Educação 2. Formação I. Título

CDD—371.12

Índices para catálogo sistemático:
1. Educação : Professores : Formação 371.12

Todos os direitos reservados a
QUADRANTE EDITORA
Rua Bernardo da Veiga, 47 - Tel.: 3873-2270
CEP 01252-020 - São Paulo - SP
www.quadrante.com.br / atendimento@quadrante.com.br

EVANDRO FAUSTINO

EDUCAÇÃO
PERSONALIZADA

E O COLÉGIO DOS NOSSOS FILHOS

2ª edição

SUMÁRIO

PAIS: SÓCIOS DE DEUS — 7

EDUCAR É AJUDAR A CRESCER — 15

UM PASSEIO VIRTUAL — 33

UMA CONVERSA EDUCATIVA — 81

A REALIDADE DEPENDE DE NÓS — 119

COLÉGIO DE EDUCAÇÃO PERSONALIZADA NO BRASIL — 125

Pais: Sócios de Deus

Vamos iniciar esta conversa com uma verdade óbvia e indiscutível para qualquer pai ou mãe: *nossos filhos são o nosso maior tesouro*. A essa verdade acrescentamos outra, também óbvia e indiscutível para quem não seja ateu: somos parceiros de Deus, sócios de Deus na criação de nossos filhos.

O ato de criar um filho não termina em sua concepção. O ser humano é, de todos os animais, o que mais tempo necessita dos pais para se formar. Podemos dizer assim, com toda a segurança, que a criação continua ainda por muito tempo, até que nossos filhos se tornem independentes e voem sozinhos. Esse processo, essa parte do ato criativo que se prolonga pelos anos afora, e onde evidentemente a parceria com Deus continua a vigorar, é o que chamamos de *educação*.

Educar é uma tarefa que os pais nunca podem transferir integralmente para ninguém. Entretanto, a certa altura do processo educativo acontece que os bons pais, desejando fornecer o melhor a seus filhos e vendo a complexidade do mundo e as mil necessidades educativas que eles vão apresentando, percebem a conveniência e até a necessidade do auxílio de pessoas que se especializaram na arte e no ofício de educar. Os pais então, sem com isso renunciar por mínimo que seja à sua missão educativa, buscam a parceria com um *colégio*.

Há colégios... e colégios. Como escolher?

Encarado sob este ponto de vista, o colégio assume uma importância capital. É uma instituição, um grupo de pessoas, que eu escolho e convido para dividir com Deus e comigo essa responsabilidade de formar e fazer crescer o maior tesouro que eu possuo na terra, que é o meu filho. Com que cuidado e critérios eu devo fazer essa escolha! Se me cerco de garantias para investir meu dinheiro, se peço fiadores e referências de toda ordem para aceitar um sócio em qualquer empreendimento, com que carinho e atenção eu deverei eleger a instituição que irá dividir comigo essa responsabilidade de formar o meu filho!

Que critérios devo usar para selecionar o bom colégio? Sabemos de antemão que alguns estabelecimentos nem sequer devem ser considerados. Entre esses estão aqueles «colégios» massificantes, onde os alunos são apenas um número e uma conta bancária, e onde portanto não existe nem de longe a preocupação de fornecer qualquer tipo de formação. Em colégios assim um pai ou mãe que tenham um pouco de consciência nunca iriam matricular seus filhos. Mas, descartados esses, ainda sobram muitos outros, e aí entra em jogo uma série de critérios que não são exatamente *errados* mas sim *equivocados*, e que podem conduzir a erros sérios se forem tomados de forma absoluta. Vejamos alguns deles.

Critérios equivocados e perigosos

O primeiro critério equivocado, e um dos mais comuns, é o critério da *proximidade de casa*. Nestas cidades desumanas e congestionadas de hoje em dia, é uma forte tentação escolher para seu filho a escola que esteja mais perto de casa ou do trabalho, e assim livrar-se do problema do trânsito e das despesas de um eventual transporte escolar. Mas é muito pouco provável que o melhor colégio para seu filho seja exatamente esse da esquina, pela simples razão de que há muitas esquinas no mundo, e muito poucos colégios realmente bons. Pais que optam pelo comodismo da proximidade estão muitas vezes se satisfazendo apenas com um local que tome conta de seus filhos nos períodos em que precisam trabalhar ou fazer qualquer outra atividade. Estão próximos de ver a escola como um *depósito de crianças*. Prejudicam esse período rico e precioso da formação de seus filhos sobre o altar da conveniência imediata e da comodidade.

Outro critério enganador é o do *preço*. O colégio melhor não será necessariamente o mais caro. Nem o mais barato.

Há pais que se empenham em buscar o colégio mais moderno, seja lá o que entendam por isso. Para alguns, será moderno o que é novo. Para outros, o que possui «modernices»: salas de computadores e videogames, câmeras de vigilância acopladas à internet, ou mesmo, como já ouvi confidenciar um deslumbrado avô, a loja de uma famosa rede de *fast-food* na cantina. Por mais fascinantes que esses acessórios possam parecer, não serão eles os determinantes da essência de uma escola.

Outro critério equívoco, mas para alguns muito sedutor, é o do *status*. Os que escolhem o colégio por isso raciocinam que assim seus filhos terão mais chances de encontrar e fazer amizades com filhos de *pessoas importantes*, que os poderão ajudar no futuro. Ou apenas querem ter o prazer de apregoar que seus filhos estudam num colégio bem cotado socialmente. Em ambos os casos, o modo como seus filhos estão sendo formados lhes parece menos importante...

Há ainda o critério da *tradição*, muitas vezes expresso pela consideração de que «*se meu avô, meu pai e eu estudamos nesse colégio, e foi bom para nós, será bom para meu filho também*». É preciso lembrar que as épocas são diferentes, que os tempos e as pessoas mudam. E que os colégios podem mudar também.

Alguns pais, bem poucos na verdade, são mais exigentes em sua avaliação, e querem saber qual é o *método* do colégio, ou qual a sua *proposta pedagógica*. Mas esse ar de seriedade e de exigência se esvai quase que imediatamente quando um coordenador ou diretor os aquietam afirmando que é um método *novo*, revolucionário, moderno... o mais moderno, asseguram. Fica implícito que tudo o que é mais moderno é necessariamente superior ao que o que é mais antigo, e que se uma proposta pedagógica é a *mais moderna* será também a *melhor*. Qual é mesmo a proposta? Não importa. É a mais moderna...

Há finalmente aqueles que têm o espírito prático e buscam os *resultados* que o colégio apresenta. E por resultados entenda-se aqui quantos alunos o colégio fez passar nos exames vestibulares para as universidades. Sem desmerecer esse feito, é preciso, entretanto, lembrar que um colégio deve fazer mais do que treinar um rapaz ou uma moça para passar no vestibular.

* * *

Esses são alguns critérios que, sem serem absolutamente ruins, são equívocos. E quais serão os critérios seguros? Receio ter que afirmar que não é tão fácil fazer uma lista dos critérios exatos para uma boa escolha. Serei obrigado a convidar a amável leitora e o paciente leitor para uma leitura um pouco mais extensa. E também para um passeio virtual...

EDUCAR É AJUDAR A CRESCER

A palavra *educação* possui uma gama de significados muito ampla. Quem a escreve assume a obrigação de deixar claro de antemão, diante dos leitores, em que sentido a irá empregar. Começo, portanto, por explicitar o que esse termo significa para mim e para a plêiade de especialistas da educação que terei a honra de citar.

Tomás Alvira, um dos maiores educadores do século xx, define *educar* como «ajudar a crescer». Coerente e harmônico com essa definição, outro grande educador, Oliveros Fernández Otero, ensina que educação é um *processo de melhora*, uma transformação pessoal direcionada, um *desenvolvimento das possibilidades* do ser humano numa aproximação gradual daquilo que constitui a sua própria plenitude, única e irrepetível.

O principal protagonista da educação — e em certo sentido o único — é a própria pessoa que se educa. É ela quem *cresce*. Os outros, os educadores, serão sempre em maior ou menor grau coadjuvantes que o ajudarão nesse crescimento.

O processo educativo deve, portanto, harmonizar dinamicamente o protagonismo pessoal e a ajuda alheia, mesclando a inalienável e crescente responsabilidade de quem se educa, com o necessário e imprescindível auxílio de outros educadores: primordialmente os pais, e depois, todos os outros.

Quando a pessoa que se educa é uma criança ou um adolescente, isto é, quando ainda se encontra em idade escolar, as iniciativas e responsabilidades que se associam em sua educação costumam ser três: dela própria, de seus pais e dos professores, a quem os pais pedem assessoria ao exercerem sua responsabilidade educativa.

Surge então a instituição do *colégio*. Um colégio é uma organização educativa formal onde devem coincidir, unidos por um fim comum, os esforços dos pais, dos professores e do aluno, coordenados em seus objetivos por uma equipe de direção.

Educar é levar à plenitude enquanto pessoa

Note-se que no parágrafo anterior, a palavra *aluno* está no singular. Ainda que haja centenas de alunos em um estabelecimento de ensino, a verdadeira educação será sempre personalizada. Nem podemos esperar que seja de outra forma, se quisermos ser coerentes com a definição que acabamos de expor: se educar é ajudar a crescer para uma plenitude, se essa plenitude é diversa para cada pessoa, e se cada pessoa é única e irrepetível, então educar será sempre uma ação personalizada, ainda que haja dezenas de alunos em uma classe e centenas de crianças em um colégio. E *a qualidade educativa de um colégio se medirá por sua capacidade e sucesso em aproximar cada um de seus alunos de sua plenitude pessoal.* Tudo o mais é secundário.

Mas há outras acepções do que seja educar e, portanto, do que deva ser um bom colégio. Os antigos gregos, por exemplo, tinham o ideal educativo de formar cidadãos, isto é, indivíduos aptos para o governo da *polis*: homens com um amplo elenco de habilidades e competências, destros em Geometria e Álgebra, versados em Homero, Ginástica, Retórica e Filosofia. E não bastava isso: os estudantes deveriam saber governar a si mesmos, dominando suas paixões e levando a Razão às suas mais elevadas possibilidades. Em uma palavra, a educação grega aspirava formar *aristós*, homens cheios de *areté*, termo que costumamos traduzir por «virtude», «força», «capacidade».

O projeto grego é muito belo, e ainda hoje nos encanta em muitos de seus aspectos. Mas guardava dentro de si um vírus perigoso: a ideia de que o homem existe para o Estado, e que, por conseguinte, pode e deve ser formado exclusivamente no interesse público, sem considerar a sua vocação pessoal. Esse vírus deu origem a uma infinidade de variantes ao longo dos séculos, todas elas partindo do erro de que, ao considerar a educação, deve-se primeiro olhar para o que a coletividade necessita ou o poder público deseja, e depois encaminhar ou mesmo *adestrar* as crianças de acordo com esse objetivo. Tal foi e ainda é o planejamento educativo dos totalitarismos de todos os tempos e de todos os lugares, que às vezes toma o nome de «educação utilitária», ou «planejamento educacional»: o Estado decide o que precisa, e torce a educação para que atenda esse desígnio, sem pensar no indivíduo.

Javier Aranguren, filósofo e educador, comenta que

> educar utilitariamente, pragmaticamente, além de ser uma falta de bom gosto, significa também ser minimalista, pois o homem não deve apenas aspirar a desenvolver-se no labirinto social, mas também deve ser capaz de estar acima dele, de o olhar com certa indulgência e com suave ironia, um tanto sorridente. A palavra para «virtude» em grego é *areté*, e está estreitamente vinculada com a noção de *aristós*, «aristocrata», o homem que é excelente, o magnânimo que se nega a ser

arrastado por ações vulgares. Não deveria ser esse também o nosso projeto? A mim, pelo menos, essa parece ser uma ideia atraente, em boa parte também porque supõe afastar-se dessa vala comum, dessa mediocridade chula que hoje em dia recebe o espantoso nome de «politicamente correto»[1].

«O país precisa de técnicos», afirma-se hoje em muitos lugares, da mesma forma que antes se afirmava que a pátria precisava de soldados, de engenheiros, de programadores, ou do que fosse. Está claro que nosso país precisa de todas essas profissões. Mas antes de tudo precisa de homens e mulheres formados em sua essência, em sua personalidade, e que por consequência natural e lógica dessa formação sejam ótimos técnicos, soldados, esportistas, professores, ou o que for.

Essa é a verdadeira e principal finalidade da educação: *formar pessoas boas e plenas*, e por isso, felizes. Nas palavras de São João Paulo II em Florianópolis, quando da beatificação da educadora Madre Paulina, o que precisamos, antes de tudo, é de santos.

---

1 Javier Aranguren, «La idea de formación». *Pensamiento y Cultura*, dezembro de 2004, n.7, págs. 33-46. O autor é doutor em Filosofia com prêmio extraordinário pela Universidade de Navarra, autor de dezenas de livros de Filosofia e de Educação, e professor de Filosofia no Colégio Gaztelueta, em Bilbao (Espanha).

A educação deve levar à santidade

Precisamos de santos, ensina o papa. Mas estará nas atribuições e competência de um bom colégio, além de ajudar seus alunos a crescer na ciência e nas virtudes humanas, ajudá-los também a atingir esse supremo degrau do crescimento e da perfeição que os católicos chamam de santidade?

Ora, por que não? São Josemaria Escrivá, juntamente com muitíssimos outros educadores, ensina que um bom colégio dever ser uma extensão do lar[2]. E se o papel do lar, o papel da família, é levar cada um de seus membros à plenitude, à santidade pessoal, esse deverá ser o papel do colégio também. Precisamos de metas altas. O famoso educador Jesús Urteaga é contundente a respeito:

> Se no plano humano é preciso animá-los para que tenham metas elevadas e se esforcem para chegar alto («Não tenham o ânimo tão pequeno, que se contentem com menos do que ser excelentes»[3]), no plano sobrenatural é ridículo por parte dos pais, e medíocre por parte dos filhos, conformar-se com qualquer coisa que não seja a santidade[4].

---

2   Palavras de São Josemaria Escrivá em reunião no Colégio Tajamar (Madri) em 21.11.1972.
3   Miguel de Cervantes, *Dom Quixote de la Mancha*, I, VII.
4   Jesús Urteaga, «Carta aos pais». Vários autores, *Gaztelueta: 1951-1976*, Vitória, 1976, pág. 67.

É ridículo e medíocre conformar-se com menos que a santidade na educação! Este é um assunto tão passível de ser mal interpretado que vamos abordá-lo «pelas beiradas», como se faz ao saborear um creme delicioso, mas quente.

Inconvenientes do mero conteudismo

Há três grandes dimensões educativas possíveis de serem assumidas por um estabelecimento de ensino. A primeira é entender que o compromisso educativo de um colégio consiste em instilar nos alunos uma grande quantidade de *conteúdos cognitivos*. Por esse critério, o colégio será considerado melhor («mais forte», se costuma dizer), quanto mais *conhecimentos prontos* inculcar nos alunos. E quanto mais os alunos memorizarem esses conteúdos e os guardarem na cabeça como fichas em um arquivo, melhores serão. O aluno é visto como um receptáculo, e o colégio como uma pá carregadeira que despeja os conteúdos. É nesse sistema que funciona a grande maioria dos colégios no Brasil. E como os vestibulares da maior parte das faculdades também cobra apenas o conteúdo, os dois erros se encaixam, e o aluno decorador do colégio «conteudista» terá boas chances de entrar na faculdade que escolheu. É nesse «sucesso» de seus alunos que os colégios baseiam sua propaganda, e é com esse critério que se fazem os *rankings* das assim ditas *melhores escolas*. Tudo bem para quem acha que os alunos devem ser produzidos em série, todos iguais, como parafusos.

Essa mentalidade meramente conteudista lembra o desatino de um paranoico afirmando que a forma mais didática de apresentar aos alunos um grande painel será dividi-lo em pedaços e os levar um por um aos educandos. Imagine-o cortando a tela de «Independência ou morte» de Pedro Américo em pedaços do tamanho de cartas de baralho e as dando aos pobres alunos para que assim a estudem melhor...

A inconveniência dessa atitude e da visão fragmentada dela resultante, que sempre foi patente aos olhos dos bons teóricos da educação, fica transformada em absurdo gritante no mundo cada vez mais globalizado em que vivemos. Edgar Morin não hesita em afirmar que essa fragmentação é um dos maiores problemas educacionais do presente, dado o abismo que se abre

> entre o saber fragmentado em elementos desconjuntados e compartimentados nas disciplinas de um lado, e de outro, entre as realidades multidimensionais, globais, planetárias, e os problemas cada vez mais

transversais, polidisciplinares, e até mesmo transdisciplinares[5].

Víctor García Hoz enfatiza ainda mais os inconvenientes dessa «educação» fragmentada:

> A educação corre o risco de converter-se em uma soma de atividades e de aprendizagem desconexas e incompletas, que em vez de integrar a pessoa humana, a desagregam, obscurecendo o sentido da vida e debilitando a capacidade de ordenamento da própria vida no meio de inúmeras solicitações. [...] As diferentes matérias compreendidas nos Planos de Estudo (principalmente no secundário) formam cada uma delas como uma pequena ilha cultural, quase sem nenhuma relação com as outras. Chega-se assim a uma formação enciclopédica, porém somatória e desorganizada. Uma tal formação poderá ser muito rica em conteúdos, muito ampla, mas dificilmente poderá ser chamada de formação intelectual, porque não se coloca o desenvolvimento da capacidade de estabelecer relações entre uns conhecimentos e outros a fim de poder chegar a um sistema, ou seja, a um conjunto organizado de saberes que entre si constituam unidade. [...]. A unidade dos conhecimentos entre

---
5 Edgar Morin, *A religação dos saberes*, Bertrand Brasil, São Paulo, 2001, pág. 14.

si e a dos conhecimentos com a vida é uma meta à qual não se pode renunciar.

E citando Maritain, conclui: «A obra inteira da educação deve tender a unificar e não a dispersar; deve esforçar-se por fomentar no homem a unidade interior»[6].

Ensino transdisciplinar

Percebendo os enormes inconvenientes da fragmentação e do conteudismo, alguns colégios — bem poucos na verdade — buscam uma dimensão maior. Entendem que o aluno não deve ser adestrado, mas «preparado para a vida», e buscam o ensino inter e transdisciplinar. O que é essa transdisciplinaridade que volta e meia aparece nos escritos pedagógicos?

Voltemos para o exemplo do professor infeliz que picou o quadro de Pedro Américo. Vamos juntar novamente os pedaços. Se considerarmos que cada fragmento é uma disciplina, o ensino que mostrasse o inter-relacionamento entre as partes, e a visão de conjunto formando o quadro, seria um ensino interdisciplinar. E a orientação que permitisse à pessoa perceber a partir daí o contexto da época,

---

[6] Víctor García Hoz, *Pedagogia visível, educação invisível*, Nerman, São Paulo, 1988, págs. 31-33.

das mentalidades, das circunstâncias, da cultura, etc., seria um ensino transdisciplinar.

Um simpósio organizado na França pelo Ministério da Educação, Pesquisa e Tecnologia, sob a direção de Edgar Morin, teve esse relacionamento entre as disciplinas como seu tema principal. Aí se verificaram as infinitas possibilidades de inter-relações, e o mundo novo que elas abrem. Na vasta lista de inter-relações de saberes coletada por Morin, eu destaco algumas:

Entre a História e a Literatura:

> Temos a tendência a esquecer que a própria história e a própria geografia são gêneros literários. Todos os grandes historiadores e geógrafos foram grandes escritores, e nada pode ser mais formador para o estilo que o estudo de seus textos[7].

Entre a Literatura e a Música:

> Seria necessário lembrar que, para os antigos retóricos, a questão do ritmo da frase e do período, a questão da eufonia, enfim, a questão da música é inerente à beleza literária?

---
7   Edgar Morin, *op. cit.*, pág. 276.

Seria desejável que o ensino literário e o da música se aproximassem, auxiliando-se mutuamente, em vez de permanecerem despeitadamente compartimentados. O mesmo deveria se passar com a filosofia[8].

Entre a Astronomia e a Física:

Sem a física, a astronomia não tem cabeça, mas sem a astronomia, a física não tem asas. [...] Alguns veem certas coisas no céu. Nós, astrofísicos, vemos o céu nas coisas: sem saber, você bebe o universo numa gota d'água[9].

E esta, entre a Arquitetura e a História:

Que prodigioso atalho temporal escrito na pedra: estilos múltiplos, monumentalidades heterogêneas impõem sua coexistência no mesmo espaço urbano! Basta pensar na confrontação entre a Torre Eiffel, com sua arrogância de ferro, e a Catedral de Paris, com seu orgulho de pedra[10].

Quando Ricoeur nos fala da «arrogância» da Torre Eiffel e do «orgulho» de Notre-Dame, está

---

8   Ibidem.
9   Michel Cassé, astrofísico. Citado por Edgar Morin, *op. cit.*, pág. 35.
10 Paul Ricoeur, filósofo e professor emérito da Universidade Paris X e da Universidade de Chicago. Citado por Edgar Morin, *op. cit.*, pág. 375.

levantando o véu de uma realidade mais alta. Ele não está apenas usando uma figura de linguagem, mas nos aponta para um universo de considerações que, no caso da educação, será o da transcendência: uma dimensão para onde todos os saberes convergem e têm um sentido maior. Os portais para esse mundo do verdadeiramente real se encontram próximos da Arte e da Filosofia, exatamente os saberes mais desprezados pela educação utilitária.

Um colégio que deseje praticar a transdisciplinaridade precisa se esmerar na Arte e na Filosofia. Elas permitem que os alunos vejam ou vislumbrem «novos Mediterrâneos». Quando um professor de História fala a seus alunos sobre as navegações portuguesas, e cita como fonte *Os Lusíadas*, para mostrar que as motivações daquele empreendimento não foram apenas econômicas, está fazendo um exercício de interdisciplinaridade. Mas se esse professor, ousando ir mais longe e mais alto, citar, também como fonte, os versos de Fernando Pessoa nos poemas «Mar Português» ou «O monstrengo», não se importando com a argumentação positivista de que «um poeta do século XX não pode ser fonte de um acontecimento do século XV», sabendo que há algo de eterno na mentalidade portuguesa que levou à epopeia das navegações, e que esse poeta viu isso e o soube cantar, então ele estará fazendo transdisciplinaridade. A história se revestiu de arte, e a arte ajudou a ver uma realidade transcendente e maior.

Educação transcendental ou personalizada

Há ainda um terceiro nível de colégios, e de educadores. São aqueles para os quais a visão inter e transdisciplinar, embora muito boas, ainda não abarcam toda a realidade e toda a dimensão do ser humano. São aqueles que sabem e praticam a verdade de que o homem não é apenas um animal que vive em sociedade, mas um ser que tem uma alma imortal, e portanto uma dimensão espiritual que também ela precisa ser educada, e precisa crescer. São aqueles que consideram cada ser humano como pessoa única no universo, com uma vocação única também. Esses colégios e esses educadores, além de ajudarem seus alunos na aquisição dos conhecimentos e na formação de sua cultura humana, irão também incentivá-los a crescer espiritualmente, adquirindo virtudes naturais e sobrenaturais, em busca daquela plenitude que se costuma chamar de perfeição, excelência, santidade.

São alguns aspectos desse colégio ideal que eu gostaria de apresentar a meus caros e pacientes leitores. Eles poderão nos servir de modelo, de paradigma, para a avaliação dos colégios reais onde nossos filhos estudam. Teremos então mais critérios de escolha, mais elementos para formação de juízo, mais fundamentação para exigir, e — quem sabe? — mais ânimo para planejar, em conjunto com outros pais, a criação de muitos colégios como esse no Brasil, que tanto está necessitado de bons modelos educativos.

UM PASSEIO VIRTUAL

Vamos, portanto, imaginar que esse colégio ideal já exista, aqui, no nosso Brasil. Hoje está na moda fazer visitas virtuais. Então convido a senhora, cara leitora, o senhor, caro leitor, a fazer um *tour* virtual por esse colégio, que de forma esperançosa chamaremos de Colégio Porvir. Procurarei ilustrar esse passeio com «fotos» mentais e depoimentos de pais, educadores e alunos que em algum momento das suas vidas viram, pensaram ou viveram aspectos diferentes da educação e do espírito que nesse colégio deve existir. Acredito que será um passeio muito instrutivo e que, unido ao nosso senso de responsabilidade e ao amor que nutrimos por nossos filhos, talvez nos inspire alguns bons e firmes propósitos de ação, não virtual, mas concreta...

Ambiente de família

Estamos rodando por uma estrada vicinal, ou sobrevoando campos salpicados de bosques e cortados por riachos (num passeio virtual o transporte é optativo). Adiante, sobre uma colina, cercado de árvores, de quadras de esporte e de centenas de crianças e jovens em constante atividade, estão os vários edifícios que compõem o colégio. Mesmo de longe, o Colégio Porvir nos dá a sua primeira lição, e manifesta um primeiro ponto de seu ideário pedagógico: uma boa formação se faz o mais possível integrada à natureza. O bulício, a poluição, o barulho da cidade não são bons amigos da formação. O homem cresce naturalmente. É harmônico que esse crescimento se faça rodeado de seres que crescem e se desenvolvem naturalmente também.

Passamos pelo portão, subimos uma alameda, atravessamos o jardim, cruzamos a porta de entrada e chegamos à recepção. Passo a palavra a um colega educador, que conheceu um colégio assim ainda menino de onze anos:

> Entramos pela entrada da administração, e ali nos encaminharam para o lugar certo. Eu tinha as meias caídas, os sapatos cheios de barro, e bastante vergonha ao comprovar como tudo estava tão limpo.
> Pensei imediatamente que aquilo parecia uma casa, e não um colégio. E lembro-me perfeitamente que foi essa a impressão que transmiti a todos os que quisessem me ouvir:

— Eu, no ano que vem, vou a um colégio que não é um colégio, mas uma casa. Diante de semelhante afirmação, meus amigos costumavam ficar boquiabertos.

E havia também pelo menos três outras coisas desconcertantes que ficaram gravadas na minha memória: as luminárias, os espelhos e as mesas das salas de aula.

As luminárias, evidentemente, não eram de colégio. Estavam limpas demais, eram muito bonitas, e — de verdade! — não tinham uma única lâmpada queimada ou quebrada. Os espelhos acentuavam o contraste do ambiente com minha própria figura. Era-me embaraçoso ficar ali, de pé, diante daqueles cristais que refletiam a minha imagem, porque eu me via sujo, despenteado, e teria dado qualquer coisa para esconder meus sapatos em algum lugar. As mesas das salas de aula me surpreenderam por isso: porque eram mesas. Pequenas, mas mesas, e não as carteiras tradicionais. Além disso, estavam muito limpas, sem inscrições, nem entalhes.

Agora, vinte e cinco anos mais tarde, vejo que naquele dia, as luminárias, os espelhos e as mesas me deram a primeira lição que recebi naquele lugar[1].

---

1 Enrique Monasterio, «Cómo viví aquellos años», *Gaztelueta: 1951-1976*, pág. 31. O autor escreveu dezenas de livros sobre educação e mantém atualmente um blog precioso sobre formação, que recomendo vivamente: «*Pensar por libre*»: http://pensarporlibre.blogspot.com/.

O menino deslumbrado recebe sua primeira lição, e nós nos beneficiamos de outras duas. Primeira: no Colégio Porvir se cuida com carinho dos pequenos detalhes de ordem, de arrumação, de limpeza. Em quase todos esses detalhes os encarregados são sempre os próprios alunos, pois isso faz parte integrante e essencial de sua formação. Uma professora amiga comentou certa vez ter estudado em um tradicionalíssimo e já inexistente colégio para meninas numa grande cidade do Brasil. E que lá a mestra lhes advertia: «Vocês foram feitas para mandar, para ser servidas, e não devem nunca se rebaixar passando roupa a ferro, nem mesmo um lenço. Haverá empregados para fazer isso». O espírito do Colégio Porvir é diverso: ainda que as nossas ocupações nos levem a passar a vida dando ordens, nós existimos para servir. Nenhum trabalho honesto é aviltante, e é no serviço que crescemos e nos tornamos plenos.

Outra lição nos vem da observação e do comentário do menino com os seus colegas: o Colégio Porvir tem «jeito» de casa de família. Essa continuação do lar não é apenas teórica, mas prática e até mesmo física. Os ambientes são aconchegantes. As salas são diferentes umas das outras, e decoradas na medida do possível segundo um consenso dos alunos e professores. Nem as mesas de trabalho nem as cadeiras estão presas ao solo, e podem ser dispostas na posição que se queira, ou afastadas para que todos se sentem no chão. As janelas são vestidas de cortinas, as paredes estão limpas, adornadas de quadros de bom gosto. Há jardins e há flores.

No Colégio Porvir, alunos e professores cumprimentam-se pelos nomes e tratam-se com deferência e com carinho, assim como os irmãos, filhos e pais numa família bem constituída. Os alunos se levantam à entrada do professor, ou de um visitante. Não se lhes pede isso como obrigação — eles o fazem por carinho, por respeito à pessoa e ao cargo do professor e àquilo que ele vem ensinar. Levantam-se porque seus pais lhes ensinaram em casa que devem levantar-se diante dos mais velhos, e eles assumiram isso como natural, como óbvio.

Formação no positivo

Entremos em uma das salas de trabalho para ver do que se está tratando, e como. Os alunos, de onze anos de idade, estão espalhados em grupos, sentados às mesas ou mesmo no soalho brilhante. O professor sugeriu que cada grupo imaginasse um país, e preparasse uma comunicação para apresentar à classe, na qual esse país fosse descrito em todos os seus detalhes físicos e humanos: nome, área, relevo, clima, hidrografia, população, história, economia, bandeira, hino, trajes típicos, esportes preferidos, etc. Os grupos se reuniram, idealizaram o país, planejaram a comunicação e agora se apressam a preparar o material que será apresentado e a ensaiar os detalhes. Há um burburinho organizado, com gente escrevendo e pintando, recortando e colando, rindo e falando. O professor vai de grupo em grupo, dando incentivo, pedindo explicações mais claras, sugerindo melhoras, inspirando novas ideias («E se, em vez de fazer o desenho das roupas, vocês se vestissem com elas? O idioma do seu país é o inglês? Que tal se vocês apresentassem parte do trabalho nesse idioma? Talvez o professor X possa ajudar...»). Um grupinho requisita material para fazer as roupas, enquanto outro sai correndo («Calma!») no encalço do professor de inglês que — *por acaso* — estava ali perto...

Há muita coisa a comentar sobre um trabalho que transcorre dessa forma. Reparem que à primeira vista, não podemos dizer com certeza qual é a «matéria» que se está estudando. Isso é sumamente conveniente e desejável, porque no Colégio Porvir se considera que todos os assuntos se interpenetram e se completam, e é nessa interpenetração que devem ser ensinadas. É uma aplicação prática da interdisciplinaridade de que já falamos, estilo de trabalho que é ao mesmo tempo muitíssimo moderno e um retorno ao passado. Aqui o estudo e o aprendizado estarão sempre em sintonia com a vida do aluno, porque são elaborados a partir dela e mostrados, não de forma fragmentária, mas unificada. Matérias abrangentes como a Filosofia, a Arte, a História da Cultura e das Mentalidades ajudarão o aluno a entender o axioma de que, no fundo, *tudo tem a ver com tudo*, e que o universo e os homens de todos os tempos devem ser vistos nessa unidade, nessa imensa sinfonia que é a História.

Outro aspecto primordial e que não deve passar despercebido na atividade que estamos presenciando é o fato de que o professor está sempre procurando os *pontos fortes* de cada aluno e de cada grupo para estimulá-los. Na medida do possível, não aponta tanto para o erro a ser corrigido, mas para a virtude que pode ainda crescer:

> O primeiro que se deve destacar é a influência do positivo. Nisto está a chave da educação: na influência dos pontos fortes ou das possibilidades. A ação educativa propriamente dita apoia-se nos pontos fortes das pessoas e das situações. A educação tende a atualizar o que já existe em potência. É um desenvolvimento de possibilidades, de capacidades. Apenas secundariamente é superação de limitações[2].

---

2   Oliveros Fernández Otero, «Principios básicos de la educación en Gaztelueta». *Gaztelueta: 1951-1976*, pág. 45.

Esse princípio — educar no positivo —, embora pareça muito claro e incontestável na teoria, tende a ser esquecido por muitos, dada a tendência do ser humano de ver antes a limitação que a potencialidade, as sombras que a luz. É muito comum, principalmente em colégios ditos *tradicionais*, acontecer reuniões de professores em conselho de classe onde os alunos são unicamente vistos pelos seus aspectos negativos: todos os defeitos e mazelas, até os de bem pouca importância, são apontados, dissecados, esmiuçados: este é indisciplinado, aquele é preguiçoso, aquele outro é irrequieto, Fulano fala demais, etc. Uma lente é posta sobre cada defeito, e clama-se por maior firmeza, disciplina, punição. Tem-se a impressão de um tribunal, e não de um conselho de educadores. Mal se apercebem os mestres que, se todos aqueles defeitos forem corrigidos, e nenhuma virtude for estimulada, teremos apenas um grupo de alunos adestrados, bonzinhos, anódinos, comportadinhos, passivos, mas sem personalidade ou garra para fazer por iniciativa própria algo de bom. Como ideal educativo, é realmente muito pouco.

No Colégio Porvir a visão de aluno é diferente. Os professores procuram imitar o amor dos bons pais, que, ao contemplarem o filho brincando, se perguntam: «Que possibilidades, que potencialidades ele tem, e como posso fazer para que essas potencialidades se desenvolvam em todo seu esplendor? Que programas e atitudes preciso exigir do colégio para que meu filho cresça lá tanto quanto cresce ao meu lado?»

Por que tantos colégios desdenham esse aspecto da formação do caráter, centrando-se apenas no adestramento, na mera aquisição de conhecimentos? Um dos motivos será porque o adestramento, visível e mensurável, é o único aspecto educativo cobrado nos exames vestibulares normais, enquanto que a formação interior é muito mais difícil de ser traduzida em números que possam constar de um *ranking*. É muito fácil quantificar e medir um aspecto superficial da ação educativa — como a velocidade da leitura, a memorização de uma lista de dados, ou um comportamento exterior formalmente aceito pela sociedade —, mas dificilmente se poderá medir a intensidade de melhora interior. Ainda mais complicado será saber até que ponto essa melhora foi resultado das aulas do colégio. Daí o paradoxo: os diretores de um bom colégio devem se preocupar essencialmente com aquilo que é menos visível e geralmente o que é menos vendável em sua instituição: uma ação educativa em profundidade, que decanta no aluno efeitos de melhora que ele próprio, quando os perceber, provavelmente verá como resultado apenas de seus próprios esforços, e de mais ninguém.

Trabalho bem feito

Voltemos à sala onde os alunos estão finalizando seus trabalhos. Outro princípio básico da educação praticada no Colégio Porvir está exatamente neste ponto: que os trabalhos estejam bem feitos e bem terminados. A educação, tanto no colégio como na família, pede uma composição harmônica entre a convivência e o trabalho. A família privilegia a formação pela convivência. O bom colégio deve privilegiar a formação pelo trabalho.

O Colégio Porvir vê o trabalho como ocasião e meio da educação. Ou, falando de outra forma, entende que a educação, vista como um processo de melhora pessoal, não é possível sem o trabalho. Não qualquer trabalho, mas aquela atividade produtiva que implica no desenvolvimento das duas dimensões da liberdade humana: o autodomínio e o serviço. Portanto, o verdadeiro esforço autoeducativo será sempre um *trabalho bem feito, com atitude de serviço*. Eis o que se encontra nas páginas de um jornal interno elaborado pelos próprios alunos de um bom colégio de educação personalizada:

> O estudo é nossa primeira e principal ocupação; uma ocupação que deve ser atendida com esmero e com prontidão. Se estudamos

com carinho, sendo conscientes de que é a tarefa assinalada por Deus para nossa satisfação, estudaremos mais e melhor. Para isso, é preciso fazer as coisas bem, e não de forma «matada». E fazer bem as coisas significa terminar os trabalhos, complementar bem o estudo das coisas que devem ser aprendidas de memória, etc. Em uma palavra: pôr a última pedra, e não apenas a primeira[3].

Entender este princípio em toda sua extensão — nas dimensões humana e sobrenatural de cada pessoa que se educa — supõe encarar o trabalho humano sob uma outra luz. No Colégio Porvir se considera que o trabalho, mais que apenas um esforço físico ou intelectual para conseguir um objetivo imediato, é principalmente uma forma de aperfeiçoamento, e em última análise de santificação. O trabalho é encarado como um dom de Deus, testemunho da dignidade do homem, do seu domínio sobre a criação. É condição para o desenvolvimento da personalidade; é vínculo de união com os colegas; é oportunidade para servir o próximo, é meio de contribuir para o aperfeiçoamento da sociedade em que se vive e para o progresso da humanidade. Mais ainda: o aluno é levado a considerar seu ato criativo ao realizar

---

[3] «Folha informativa do clube de imprensa do Colégio Gaztelueta» citado por Oliveros Fernández Otero «Principios básicos de la educación en Gaztelueta».

um trabalho como participação na obra criadora de Deus. Por tudo isso, o aluno do Colégio Porvir sabe que qualquer trabalho, grande ou pequeno, deve ser bem feito e bem acabado.

Convivência e amizade

Dissemos há pouco que o binômio da boa educação, tanto familiar como escolar, conjuga os vetores do trabalho e da convivência. Salientamos que é mais próprio do colégio fazer luzir a faceta do trabalho, e mais de acordo com a família proporcionar o ambiente de convívio. Mas agora, enquanto caminhamos pelo Colégio Porvir, vemos por todos os lados grupos de alunos e professores num relacionamento humano tão espontâneo, tão alegre, tão fecundo, que precisamos nos perguntar qual é o papel da convivência na educação colegial.

Comecemos ressaltando a verdade evidente de que a convivência humana é uma ótima ocasião e um excelente meio de educar. A adolescência é a época em que se iniciam as grandes amizades, e não há melhor ambiente para o seu florescimento que o de um ótimo colégio. Aí as amizades se plasmam na lealdade e se manifestam nessa sublimação do trabalho que é o espírito de serviço.

Um exemplo entre mil: em um colégio com esses ideais era costume, logo após um período de avaliações, haver uma semana em que os alunos que necessitassem aperfeiçoar algum aspecto que ficara aquém do que poderiam fazer tivessem um trabalho mais intensificado nesses aspectos, enquanto que os que haviam atingido com folga suas metas pessoais se dedicassem a atividades extraordinárias, entre as quais uma sempre procurada era o esporte. Acontecia então que as quadras ficavam lotadas e barulhentas, e olhadas com certa inveja pelos que precisavam permanecer nas salas de trabalho.

É então que acontecia um fenômeno curioso e edificante. Muitos dos alunos «de folga» voluntariamente procuram os professores encarregados e se oferecem para ser monitores dos colegas, para ajudá-los a estudar num tempo em que eles mesmos poderiam estar brincando e se divertindo. Vi um menino de doze anos sentado ao lado do colega, por horas a fio, ajudando-o nos exercícios de matemática. O colega saiu por alguns instantes, e ele permaneceu sentado, revendo os exercícios que havia passado. Era um ótimo jogador de futebol, e lá de fora se ouviam os rumores de uma partida bem disputada. Perguntei-lhe: «Você não gostaria de jogar?» Respondeu: «É claro que sim. Mas ele é meu amigo». E continuou o trabalho de revisão. Feliz de quem tem amigos assim. Feliz o colégio que fomenta essa amizade.

Lembro-me da expressão de espanto de uma senhora que não tinha filhos no colégio, ao ouvir a amiga contar que seu filho havia passado o recreio ajudando um colega a estudar: «Não pago colégio para que meu filho dê aulas aos outros». A amiga sorriu. Desde sempre, havia ensinado os filhos a se ajudarem em tudo, pois assim fazem os irmãos. Sua amiga via o colégio como uma empresa. Ela o considerava uma continuação de seu lar.

Os encargos e os clubes

Outra faceta brilhante da convivência, e às vezes estranha para alguns, é a dos *encargos*. No Colégio Porvir há muitos encargos, distribuídos pelos professores a todos os alunos que voluntariamente os desejarem assumir, comprometendo-se a executá-los por um período de tempo que pode ser uma semana, um mês, um semestre, ou todo o ano: fechar as cortinas, apagar as luzes da sala, servir o lanche aos colegas, varrer a sala depois das aulas, apagar o quadro, guardar o material esportivo em ordem, recolher as camisetas de esporte... Centenas de pequenos e não tão pequenos serviços, feitos voluntariamente, prontamente, e com bom-humor. Talvez a senhora do parágrafo anterior exclamasse: «O meu filho não vai à escola para ser faxineiro!»

E talvez a mãe sorridente pensasse: «O meu cresce muito quando aprende a servir...».

Os alunos comentam:

> O cumprimento dos encargos é uma importante contribuição para o bom funcionamento da vida escolar. E não há um encargo menos importante que outro. Deixar as salas em perfeito estado é facilitar o trabalho seguinte. Nossos colegas esperam que cada um cumpra o seu encargo. Confiam uns nos outros, todos em todos [4].

Do mesmo modo, poderia destacar-se a importância de outras atividades, mais ou menos informais, correspondentes a diversos clubes que funcionam dentro do Colégio Porvir. Em escolas assim conhecemos os clubes de imprensa, compostos por alunos interessados em editar e manter o jornal e os blogs; as bandas e corais, que ensaiavam em horários alternativos e que animavam as festas; um exótico grupo de conquiliologistas, meninos de doze e treze anos que, atraídos pelo entusiasmo contagiante de um professor, se dedicam a colecionar e classificar conchas, mantendo ativa correspondência com outras sociedades análogas pelo mundo; e os grupinhos

---

[4] *Ibidem.*

de idealistas que se esforçam para introduzir a prática de esportes menos comuns como *arco e flecha* e *esgrima*, etc. Algumas dessas atividades surgem por iniciativa de professores, outras por ação dos próprios alunos. Algumas duram anos e decênios no colégio, outras reluzem pelo espaço de um semestre e depois fecham, reaparecendo às vezes anos depois.

No Colégio Porvir, a educação é promovida de todas as formas, através de atividades formais e informais. A primeira impressão de quem, como nós, chegamos de surpresa, é de informalidade: alunos em círculo sentados no gramado, ensaios de banda, alunos entrando e saindo da biblioteca, casais de pais conversando com professores em salas, ou nos jardins, tomando um café no refeitório, etc.

O colégio mantém assim o clima familiar. Mas há um programa bem estruturado por trás desse bulício todo; há um planejamento sério sendo cumprido. Não se descuidam dos aspectos técnicos, mas os aspectos humanos são considerados mais importantes. O técnico deve estar a serviço do humano. O professor não o é apenas em um momento de «aula». Ele está no colégio em tempo integral, cumprindo mil outras funções, das quais a principal é estar à disposição dos pais e dos alunos. E estes sabem disso:

Os professores não terminam a sua tarefa na classe. Estão à disposição dos alunos para completar sua função formativa. Por isso, devemos sempre recorrer aos professores procurando a explicação de algo que não entendemos bem, pedindo mais informação sobre um tema, mais bibliografia, etc. Os professores esperam o diálogo com todos e cada um dos alunos. Esperam e o provocam. Mas somos nós, os alunos, que devemos nos interessar, dar consistência e frequência a esse contato pessoal tão necessário na formação intelectual[5].

Isso não seria possível sem um clima de confiança, baseado no respeito mútuo, compatível com a exigência compreensiva dos professores. Nesse sentido, a educação é obra de *amizade*.

Participação dos pais

A amizade leva à franqueza e à participação de todos, especialmente dos pais, os promotores naturais da educação. Sei de alguns colégios onde os pais e mães são barrados na entrada e olhados com desconfiança e receio pela direção, como se fossem adversários. Sei, entretanto, de outros onde os pais são continuamente incentivados a vir à escola, assistir às aulas, participar dos recreios

---
5 *Ibidem.*

e almoçar com os alunos quando quiserem. Num desses últimos aconteceu que um casal de pais entendeu que determinadas paredes de um *hall* e do refeitório estavam muito monótonas. Por iniciativa própria escolheram e compraram uma série de pôsteres, e um dia adentraram o colégio com o equipamento necessário para os instalar. Avisaram a direção, e enquanto os alunos prosseguiam em seus trabalhos, decoraram as paredes, acrescentando uma demão de tinta em uma delas. Saíram sorrindo, acenando para o diretor que estava em uma reunião. O colégio era deles, não era?

Visitei um outro colégio onde o ginásio de esportes ainda estava coberto com os adereços de um «show» de rock, que havia acontecido na noite anterior. Perguntei se muitos alunos tinham estado presentes e o diretor contestou que na realidade muito poucos haviam vindo: «Estamos em época de provas, e os alunos ficaram em casa estudando. O show foi organizado por um grupo de pais que tem uma banda. O ginásio estava lotado ontem, mas de pais e mães. A renda foi em benefício de uma obra social que a associação de pais promove». O colégio era deles, não era?

É comum nesses colégios que os pais utilizem as dependências no período noturno para desenvolver por sua conta cursos de orientação familiar, ou que promovam nas noites de sábado ou nas manhãs de domingo sessões de cinema, com debates, os chamados *cine-fóruns*, coordenados por especialistas de diversas áreas, também eles pais do colégio, ou convidados. O colégio é deles, eles sabem disso, e exercem esse domínio.

É claro que isso pode gerar abusos, e não é preciso ser um administrador de empresas para perceber isso. Mas no Colégio Porvir esses abusos são contornados com o senso comum e com a boa vontade de todos, exatamente como se faz numa família.

Tutoria e preceptoria

Num colégio onde se procura promover a formação verdadeira, e não apenas um adestramento ou uma mera acumulação de saberes, a educação é personalizada. Significa, como já vimos, que cada pessoa é vista como única, com um potencial exclusivo, e que assim deve ser educada. E significa também que cada aluno do Colégio Porvir possui um *preceptor*, que o irá pessoalmente ajudar a crescer rumo a seu ideal.

Repare naqueles dois, professor e aluno, sentados no banco ao lado da quadra, conversando enquanto à sua frente os outros jogam futebol. O professor é o tutor pessoal que aquele aluno livremente escolheu. Conversam, e talvez falem de muitos assuntos diversos: das preferências esportivas do aluno, de seu aproveitamento nos estudos, de suas dificuldades em determinada matéria, do seu relacionamento com os pais e os irmãos, de seus planos para o futuro distante ou para a próxima semana, das resoluções de melhora que o menino tomou no mês passado, de seu namoro, de sua atuação no time ou na banda da escola, etc. A conversa pode durar tanto meia hora quanto cinco minutos. Pode ter uma frequência quinzenal, semanal, ou quase diária. É, na aparência, extremamente informal, mas foi preparada tanto pelo aluno quanto pelo professor. O aluno sabe que tem no professor um amigo, um conselheiro que está disposto a ajudá-lo, e anotou em sua agenda o que deseja conversar, as dúvidas que deseja esclarecer. O professor estudou o caráter desse aluno, empenhou-se em conhecer sua família, sua mentalidade, suas qualidades. Reza por ele e se empenha em ajudá-lo, assim como seus pais, nessa caminhada rumo à plenitude pessoal. Um grande especialista mundial em tutoria nos fornece uma bela comparação:

> Permita-me usar de uma metáfora muito gráfica: a palavra «tutor» também significa aquela estaca que se crava junto ao arbusto ou árvore recém-plantado para ajudá-lo a crescer

reto e ganhar altura. A arvorezinha, ao crescer, irá se sustentar por si mesma. Então o tutor terá terminada a sua missão de apoio, de ajuda ao crescimento. É exatamente isso. A metáfora é muito clara, com a ressalva de que no relacionamento entre tutor e aluno são os dois que crescem e se enriquecem como pessoas no exercício da tutoria. Outra diferença essencial: a árvore não é livre, enquanto que o aluno, como pessoa que é, tem a liberdade de se comprometer ou não com o trabalho conjunto que a tutoria implica[6].

Uma vez por bimestre, ou com mais frequência se julgarem necessário, pai e mãe se encontrarão com o professor-tutor para tratar especificamente da formação pessoal daquele filho, e apenas dele. Se tiverem outros filhos no colégio, voltarão outras vezes para tratar de cada um com seu respectivo tutor. O professor não abordará nessa conversa nada que o aluno tenha dito em confidência. Saberá ouvir muito os pais, e haurir deles os ensinamentos necessários para ajudá-los a orientar o menino ou a menina em sua formação. Saberá também propor linhas de ação, indicar

---

[6] Tradução livre a partir de José Luis González-Simancas, «Principios del tutoring», Estudio 4, Proyecto Sócrates, Departamento de Pedagogía Fundamental, Universidad de Navarra, Pamplona, 1991. O prof. José Luis González-Simancas foi doutor em Filosofia e Letras (Pedagogia) pela Universidade de Navarra, com tese sobre tutoria; foi professor com titulação máxima na mesma universidade, lecionando Orientação e Didática.

especialistas, sugerir a leitura de determinados livros, ou a assistência a determinados filmes. Coordenará os esforços de aluno e pais nesse que é o maior investimento que podem fazer na vida: a formação de seu filho.

Depende também do preceptor, em grande parte, que se viva na educação a unidade de vida, enlaçando intimamente o técnico e o humano, o humano e o sobrenatural. É o preceptor que está em condições ideais não apenas para sugerir aspectos de superação pessoal aos alunos, mas também para informar a outros professores das possibilidades ou deficiências técnicas e pedagógicas que ele vá constatando nos alunos que orienta.

A tutoria, de uma forma ou de outra, existe em grande número de colégios, mas são pouquíssimos os que a aplicam bem:

> Nessa «cultura da avaliação da qualidade de educação» em que estamos imersos, eu diria que um dos indicadores de qualidade mais confiáveis — o mais expressivo de todos — é que o colégio pratique a tutoria, com os professores-tutores realmente bem preparados, e exercendo-a em todas as suas dimensões. Que as famílias possam ter a segurança de que o colégio trata seus filhos de forma personalizada. Por isso, é muito importante que essas famílias se

envolvam na tutoria, cooperando a todo momento com os tutores de seus filhos[7].

Educação na liberdade

A concepção que cada um de nós faz do que seja «liberdade» será sempre uma consequência lógica da concepção que temos do homem. São Tomás de Aquino ensinava que o aspecto do homem que mais o faz semelhante a Deus é o domínio de seus atos. Como para exercitar esse domínio o homem precisa ser livre, o Doutor Angélico conclui que o homem é tanto melhor, tanto mais perfeito e semelhante a Deus, na medida em que exerce sua liberdade[8].

A Educação Personalizada visa precisamente assemelhar a pessoa a Deus, na medida em que a ajuda a desenvolver suas potencialidades dadas unicamente a ela pelo Criador. Portanto, estimula o pleno exercício da liberdade, para que a exercendo o aluno se torne espelho de Deus naquele particular e único aspecto em que Deus nela quis se espelhar. Se consideramos as coisas dessa forma, vemos que tolher ou limitar erradamente a liberdade de alguém é muito grave, porque:

---

7   Ibidem.
8   Cf. Servais Pinckaers, *Las fuentes de la moral cristiana — su método, su contenido, su historia*, EUNSA, Pamplona, 1988, pág. 387. No Brasil há o livro *A moral católica* (Quadrante, São Paulo, 2015), do mesmo autor, que é uma versão adaptada e reduzida do volume original citado.

a) é um *desrespeito à pessoa*, que fica impedida de crescer rumo a seu objetivo pessoal, de acordo com o plano divino;

b) é um *desrespeito à sociedade*, que fica impedida de contemplar naquela pessoa um particular aspecto de Deus, que não irá se revelar nunca mais em ninguém;

c) é um *desrespeito a Deus*, na medida em que tolhe a realização de um desígnio seu.

No início dessas linhas, frisamos que educação é um processo para o bem, cujo principal agente é o próprio educando. Não havendo liberdade, não existe educação, pois não há por parte do aluno um esforço *voluntário e desejado*. Talvez possa haver algum tipo de adestramento, em que o aluno, passivamente, se deixe moldar por alguns modelos de comportamento, ou se sujeite a decorar uma série de informações e conteúdos passados pelos professores. Mas não é educação *humana*, pois esta exige, para existir, não apenas a anuência ou a tolerância, mas o *protagonismo* de quem é educado:

> O adolescente educa-se a si mesmo, com o auxílio do educador. Este, não só deve contar com a liberdade do seu educando, mas deve ter consciência de que, em última análise, é ele quem se

educa a si próprio, aceitando ou não as normas de ação e de pensamento que o educador lhe propõe. Mesmo uma ação educativa férrea, fortemente autoritária e disciplinadora, nada conseguirá de transformador, positiva ou negativamente, para o educando, que, ao fim e ao cabo, não tenha decidido ou aceitado por ela[9].

É comum que muitos pais, assustados com a libertinagem e o permissivismo que campeiam na sociedade, fiquem «bem impressionados» com certas escolas que, através de sistemas de condicionamento, ou empregando métodos mais próprios de uma cadeia ou de um quartel, apresentam «resultados» aparatosos, alguns deles de si muito bons: disciplina, uniformidade, «ordem», memorização, etc. Sucede, porém, que esses resultados não são o objetivo final da educação, mas apenas fins intermediários, «penúltimos», bons na medida em que nos conduzem ao fim último. Quando não existe a verdadeira liberdade de escolha, o fim último de cada ato se torna o próprio ato: a disciplina é buscada apenas pela disciplina, as notas pelas notas, etc. Os alunos fazem o que foram condicionados a fazer, mas não são livres, e muitas vezes nem eles nem seus pais se apercebem disso.

---

9 João Morais Barbosa, *Educação e liberdade*, Fomento, Lisboa, 1987, pág. 98.

Tendemos a nos acostumar com a escravidão da mesma forma que nos acostumamos com a penumbra ou com o mau cheiro. Aquele que foi em toda sua vida apenas «adestrado» não consegue perceber o quanto esse adestramento o instrumentalizou e tolheu sua liberdade, na medida em que o dispensou de pensar e de fazer juízos para ser somente uma peça, um joguete na mão daqueles que pensam em seu lugar. E há vários aspectos soturnos nessa instrumentalização.

Oliveros Fernández Otero, em seu livro *A educação como rebeldia*, mostra todo o mal que traz essa manipulação, em contraste com a firmeza de caráter e de ideias trazida pela educação na liberdade e na autonomia:

> A manipulação procura a cumplicidade dos pontos fracos do manipulado; a educação se apoia nos pontos fortes, nas melhores possibilidades dos educandos. A manipulação promove comportamentos humanos pobres, massificados, com decisões de pouca qualidade; a educação, ações autônomas e responsáveis a partir de verdadeiras decisões pessoais. A manipulação é uma tirania solapada que instrumentaliza a pessoa humana ao serviço do lucrativo ou do ideológico; a educação é um serviço de melhora que finaliza a sua ação na

pessoa — em cada pessoa —, respeitando o seu modo de ser. A manipulação é uma ação redutora, cuja finalidade é a deterioração humana; a educação é um processo de melhora pessoal e uma ajuda necessária para o nascimento dessa plenitude do ser humano. A manipulação é função de contravalores; a educação é função de valores[10].

No Colégio Porvir a educação da liberdade consiste primordialmente em estimular no aluno e na aluna o desenvolvimento das potencialidades de autodomínio, serviço, autonomia, responsabilidade, eleição, aceitação, decisão, iniciativa, formação e transcendência. A superação das limitações pessoais e ambientais vem em segundo lugar. Assim, não se dirá ao aluno: «Você tem tais e tais defeitos e limitações. Vença-os e será livre». A abordagem será outra: «Você tem tais e tais potencialidades em que pode crescer. Você é bom, e pode ser ainda melhor. Aceite livremente o esforço para atingir seu ideal».

Há algumas capacidades prioritárias em que os alunos do Colégio Porvir são estimulados a crescer. A primeira delas é a *capacidade de iniciativa*,

---

10 Oliveros Fernández Otero, *La educación como rebeldía*, EUNSA, Pamplona, 1978, págs. 33-34.

isto é, a originalidade de começar algo novo na ordem do pensamento ou da ação. Essa virtude é uma forma de autodomínio que se opõe à passividade, e é estimulada nos alunos de várias formas. A primeira é a prática constante do colégio em ouvir e aproveitar na medida do possível as sugestões dos alunos, manifestadas nas assembleias, nas tutorias, ou onde mais for. Outra prática é a de continuamente se *pedir sugestões*, sempre por escrito. A prática de escrever leva o aluno a considerar com mais calma o que está sugerindo, e a fundamentar melhor suas razões. O professor sempre apresentará claramente alguns objetivos possíveis de serem atingidos, mas nunca irá limitar esses objetivos, nem obrigar a seguir um único e determinado meio. Dará sugestões certamente, mas os alunos sabem que as podem acatar ou não. As notas — quando existem — muitas vezes serão dadas pelos próprios colegas, que sabem como ninguém avaliar a originalidade e a iniciativa.

Como é óbvio, essa capacidade de iniciativa é estimulada não apenas com a palavra, mas com o exemplo. O estilo do Colégio se apoia preferencialmente na capacidade de iniciativa dos próprios educadores. Não se espera nem se cobra deles que sigam um programa rígido, em que cada aula esteja previamente programada e esmiuçada desde o início do ano[11]. Pede-se sim que o professor conheça bem e esteja imbuído do ideário do colégio, e que o veja como um mapa onde ele deverá indicar a cada aluno os diferentes rumos possíveis de seguir.

Um segundo aspecto da liberdade muito estimulado no Colégio Porvir é a *naturalidade do comportamento*, a «capacidade de soltura», esse autodomínio do corpo e da alma que se manifesta na transparência, agilidade, flexibilidade e alegria dos alunos, e que se opõe a qualquer forma de «fechamento», de rigidez, de bloqueio afetivo, de «estar atado», de obscurantismo.

Essa transparência e soltura podem ser observadas em qualquer aluno. Eles sabem que a ação educativa em seu colégio é motivadora, nunca impositiva. São-lhes pedidos mil detalhes de esforço, de convivência, de serviço, mas eles entendem, acatam e amam os motivos maiores dessa exigência, e sabem que sempre poderão expor seu ponto de vista a respeito de tudo... E que serão ouvidos.

Os professores, por sua vez, compreendem que estão lidando com crianças e adolescentes, e procuram equilibrar as sugestões com a exigência, a

---

11 Como o são os «sistemas» pasteurizados e massificados vendidos por grandes empresas, e impostos em muitos colégios e cursinhos de preparação para o vestibular.

severidade com a paciência: sabem esperar. O resultado é esse clima de distensão e alegria que estamos vendo desde que entramos. Ninguém é dissimulado. Não precisa ser, para nada.

O terceiro aspecto da liberdade cultivado no colégio é a *capacidade de aceitação do outro* tal como é, com desejos de respeitar sua singularidade e de servi-lo. Não é aceitação passiva, mas voluntária, ativa, decidida. A decisão é o final do processo de aceitação. Decido aceitar algo ou alguém porque descobri nesse algo valores que desejo realizar ou percebi nesse alguém algum aspecto digno de admiração: tenho motivos.

Convívio harmônico de fortunas, credos e etnias

A pessoa humana não vive apenas para si mesma. Nenhum homem é uma ilha. Vivemos nos relacionando uns com os outros, e nossa vida não estará completa se apenas nos preocuparmos em nos aperfeiçoar pessoalmente. Nem isso é possível, pois a perfeição pessoal exige essa preocupação pelo próximo. O primeiro ambiente social é a família, da qual se costuma dizer que é o único lugar em que somos aceitos como somos, sem a necessidade de representarmos qualquer papel.

Se o colégio pretende ser uma continuação do lar, precisa também assumir essa dificílima missão: aceitar cada um como verdadeiramente é, sem disfarces.

Esse espírito de aceitação do outro como é permite que o Colégio Porvir não seja um colégio de determinada classe social ou econômica, nem de um grupo étnico ou religioso específico. Um exemplo maravilhoso de realização desse espírito foi a instalação de dois colégios no Quênia, em 1961, em resposta ao pedido feito por D. Mojaisky Perrelli, delegado apostólico daquele país, a São Josemaria Escrivá, então Presidente Geral do Opus Dei. Todas as escolas do Quênia e praticamente de toda a África ou eram para brancos ou para negros. Muitas eram confessionais, impondo um determinado ensino religioso. São Josemaria instruiu que os novos colégios deveriam se ater a quatro critérios gerais:

    1. Deveriam ser inter-raciais;
    2. Deveriam estar abertos aos não-católicos e aos não-cristãos;
    3. Não deveriam ser vistos como escolas religiosas ou missionárias;
    4. Deveriam cobrar uma mensalidade, ainda que fosse simbólica, para que os alunos não se sentissem humilhados, e dessem ao estudo seu devido valor.

Assim nasceram o Strathmore College, para rapazes, e o Kianda College, para moças, em plena época de transição política no Quênia. Tanto as autoridades coloniais como as locais viam com enorme ceticismo essa novidade inter-racial, intertribal e interconfessional. Era algo tão diferente do comportamento da época que ninguém acreditava que pudesse sobreviver. Mas o respeito, a aceitação, a tolerância permitiu a convivência de alunos e alunas africanos, europeus e indianos, de todas as religiões e diferentes tribos. Seu princípio diretor era, e continua sendo, de que *há apenas uma raça, a raça dos filhos de Deus*[12].

É conveniente deixar bem claro que essa aceitação é tão ou mais necessária que a escolha, para o exercício (e desenvolvimento) da liberdade humana. Ambas terminam nesse misterioso ato de decidir. Mas decidir implica aceitar responsavelmente as consequências do que foi decidido, isto é, do escolhido ou aceito.

Educação para o amor

Não se costuma entender bem o que seja educação para o amor. Mais ainda: tende-se a evitar uma referência explícita à relação entre educação, amor

---

[12] Cf. Andrés Vázquez de Prada, *O fundador do Opus Dei*, Quadrante, São Paulo, vol. III, pág. 351.

e fé, talvez pelo medo do adjetivo «piegas». No entanto, a referência ao amor e à fé é iniludível num tratamento sério do processo educativo, porque o objetivo último da educação é uma plenitude do amor verdadeiro, e porque «numa visão cristã do mundo, a liberdade do homem consiste em responder a uma chamada de amor»[13]. A liberdade humana é incompreensível sem o amor: o amor é a causa e o efeito da liberdade.

Acredito que antes de prosseguir talvez seja conveniente fazer uma distinção entre dois verbos que costumamos confundir muito: *amar* e *gostar*. Gostar significa querer o bem que uma pessoa ou uma coisa *traz para mim*. Amar significa querer o bem *para o outro*. Posso *gostar* de sorvete de creme, mas certamente não o *amo*. Da mesma forma posso *gostar de alguém* — porque *me sinto bem* junto dele ou dela — e não necessariamente o amar. Amo quando quero o bem para a pessoa, independentemente de me sentir bem com ela. Muitos casamentos fracassam porque os noivos partiram dessa premissa errada: *gostavam* um do outro, mas não estavam dispostos a fazer um sacrifício pelo outro. Na verdade, não amavam. Alfonso Aguiló comenta que «uma das decisões mais importantes na vida de uma pessoa, e que mais condiciona o resultado global de sua existência,

---
[13] Gustave Thibon, *A escada de Jacob*, Aster, Lisboa, 1962.

é a escolha que fazemos, quase sem nos darmos conta, de centrar nossa vida em nós mesmos, ou nos outros»[14].

O amor é causa e efeito da liberdade. Quando dizemos que a educação para a liberdade é um ponto forte do colégio, já estamos indicando um aspecto da educação para o amor que consiste fundamentalmente no desenvolvimento intencional do binômio dar-receber: no exemplo da monitoria que vimos, o aluno cresce no amor — não apenas ao colega, mas a toda a humanidade — quando livremente aceita ajudá-lo na hora em que poderia estar jogando futebol. É a vitória do amar sobre o gostar, da generosidade sobre o egoísmo.

A educação para o amor é, na prática, um plano de luta interior contra o próprio egoísmo, baseada no estímulo ao dar e ao dar-se, complementados pelo exercício correto (sem egoísmos) da capacidade de receber.

Primeiramente, ensinam-se os alunos a dar. Esse ensino se apoia nas características de cada idade, para fomentar de diversos modos não apenas o saber agradecer, mas também o saber retribuir, e saber influir, com iniciativa e com

---

14   Alfonso Aguiló Pastrana, *La llamada de Dios*, Palabra, Madri, 2008, pág. 52.
    O autor é vice-presidente do Instituto Europeu de Estudos da Educação, presidente da Associação Madrilenha de Empresas Privadas de Ensino, diretor da Confederação Espanhola de Centros de Ensino, e diretor do Colégio Tajamar, em Madri.

responsabilidade de ajuda, na melhora pessoal do outro. Dar é todo um processo que vai do material ao imaterial, de dar coisas a dar-se a si mesmo. Não é somente saber desprender-se de coisas materiais em favor de outros para atender suas necessidades, mas também dar o tempo, compreender, perdoar, oferecer pequenos sacrifícios, realizar encargos, saber às vezes ceder — e saber não ceder, outras — e tornar mais agradável a vida dos demais.

Depois ensinam-se a receber, em função da melhora pessoal, própria e alheia. Receber é aceitar algo, material ou imaterial, como presente, como mostra de apreço, como ajuda necessária, como correspondência, etc.

Algo muito típico da boa educação, e muito relacionado com essa capacidade de dar e de receber, de ajudar e aceitar ou procurar ajuda — é a esportividade:

> Em que consiste a virtude da esportividade? Em saber perder e saber ganhar, em saber lutar, em esforçar-se por conseguir a vitória e em contar com os outros na hora do esforço. Perder com um sorriso quando pusemos todo o esforço em ganhar. E não humilhar a ninguém quando ganhamos. Contar com os outros. Sua ajuda é necessária para nós, da mesma forma

que a nossa é para eles. A esportividade não é apenas virtude para viver no esporte; mas também nas outras facetas da vida[15].

Outra forma de se educar para o amor é o estímulo aos serviços grandes e pequenos que os alunos fazem entre si e aos outros: lembrança das datas de aniversário dos colegas, professores e funcionários, a visita em grupo ao colega de classe doente, a visita aos pobres para levar alimentos e roupas, a visita a asilos para levar alegria e carinho, a visita a hospitais, o convite a que alunos de outro colégio venham passar um dia neste, etc.

Identidade cristã

Uma dificuldade compreensível que talvez se pudesse levantar: «Está clara a insistência que o Colégio Porvir faz no princípio da educação na liberdade. Entretanto, logo à entrada percebo um belo oratório. Vejo também que o programa inclui aulas de religião. E por todo o lado se percebe um "não sei o quê" que identifica o colégio com o catolicismo. É evidente o esforço do colégio em aproximar as famílias e os alunos da fé católica. Não seria mais coerente com a defesa da liberdade que seu ensino fosse inteiramente laico e neutro?»

---
15   Oliveros Fernández Otero, «Principios básicos de la educación en Gaztelueta».

UM PASSEIO VIRTUAL

Uma resposta preliminar é que não existe ensino neutro. É impossível educar sem um rumo, e a escolha desse rumo, qualquer que ele seja, supõe descartar outros rumos possíveis. Até mesmo a pretensa «educação neutra» corresponde a um projeto ou a uma determinada tradição (a Iluminista), que se considera a si mesma a correta. Além disso, o Colégio Porvir não quer ser neutro, longe disso. Assume claramente, orgulhosamente, sua identidade cristã, porque considera que se faltar essa faceta a educação não está completa, como ensina São Josemaria referindo-se ao ensino universitário:

> Um homem que careça de formação religiosa não está completamente formado. Por isso, a religião deve estar presente na Universidade; e deve ser ensinada num nível superior, científico, de boa teologia. Uma Universidade da qual a religião esteja ausente é uma Universidade incompleta, porque ignora uma dimensão fundamental da pessoa humana que não exclui — antes exige — as demais dimensões [16].

E que complementava em outra ocasião, falando especificamente a um professor de colégio com vinte

---

16 Josemaria Escrivá, *Questões atuais do cristianismo*, Quadrante, São Paulo, n. 73.

e sete anos, que temia ser muito jovem para falar de Deus aos alunos e aos seus pais:

> Um sacerdote começa a pregar aos vinte e três ou vinte e quatro. Certamente nós sacerdotes temos a graça de Deus e tivemos estudos específicos para falar de Deus. Mas tu, que tens muito carinho por Jesus Cristo, e muito boa formação, e mais anos que esses sacerdotes jovens, podes falar de Deus tranquilamente, e fazer um bem ainda maior que um sacerdote. Porque dizem: «um padre só pode mesmo falar disso». Mas contigo têm uma surpresa, porque não esperam uma conversa espiritual. De modo que, ânimo! Não é verdade que não te escutam. Claro que te escutam[17]!

É um absurdo pretender que um colégio que se propõe ser continuação da família não pudesse ou não devesse falar de Deus. Seria o mesmo que negar aos pais o direito de ensinarem a própria religião a seus filhos. Erro haveria, sim, em forçar alguém a aceitar outra religião, mas isso não se faz: a Igreja Católica ensina que a verdade se impõe somente pela sua própria força, ao penetrar as almas com suavidade e firmeza, e que a conversão à fé ou a vocação para uma determinada instituição da

---

17 Comentário de Josemaria Escrivá em reunião no Colégio Retamar (Madri), em 28.10.1972.

Igreja deve proceder de um dom de Deus, que só pode ser correspondido com uma decisão pessoal, tomada sempre com inteira liberdade e sem coação nem pressão de nenhum tipo.

O desejo de propagar a própria fé é algo não apenas legítimo, mas muito positivo. Se negássemos às pessoas sua liberdade de ajudar as outras a encaminhar-se para o que consideram a verdade, cairíamos numa perigosa forma de intolerância. É preciso respeitar a liberdade de expressar as ideias pessoais e a liberdade de desejar convencer outras pessoas. Ao fim e ao cabo, é algo que está na essência do que é educação, e é um direito básico cada vez mais reconhecido, tanto pelas instâncias jurídicas como sociológicas. Impedir esse direito de expressar e propagar as próprias ideias ou crenças religiosas seria entrar em um sistema repressivo, próprio de regimes autoritários, onde a liberdade religiosa é restringida como se fosse algo subversivo.

Resumindo: no Colégio Porvir se educa na fé pressupondo sempre a liberdade. É como fazem os pais cristãos com seus filhos: dão exemplo, transmitem com a própria vida a formação que lhes desejam conferir, educam num clima de alegria e liberdade. E rezam por seus filhos, que os veem rezando. Obrigam apenas com o sorriso, dando a doutrina de modo gradual, oportuno e conveniente, *sem chatear*.

Isso não é ser retrógrado nem obscurantista, mas participar da mais atual modernidade. Muitíssimos pais e educadores estão atualmente preocupados com a formação moral de seus filhos e alunos, exatamente porque percebem que mesmo a razoável formação acadêmica que recebem não resolve. Fica evidente que muitos de seus problemas da adolescência, da mocidade e posteriores, têm raiz numa ausência de formação moral, de critérios de conduta, de ideais de vida, de valores. E é profundamente sintomático e preocupante o fato de que muitos pais e educadores, que se consideram pessoalmente bons cristãos, não contam suficientemente com a fé na hora de educar. Esse é um erro grave, que pode ter sérias consequências:

> Quando se prescinde voluntariamente de Deus, é fácil que o homem se desvie até se converter na única instância que decide sobre o bem e o mal, em função de seus próprios interesses. Por que ajudar a uma pessoa que dificilmente poderá me retribuir? Por que perdoar? Por que ser fiel ao meu marido ou à minha mulher, quando é tão fácil não o ser? Por que não aceitar esse pequeno suborno fácil? Por que arriscar-se a dizer a verdade e não deixar que seja outro que pague pelas consequências de meu erro? [...] Sem religião é mais

fácil ter dúvidas sobre se vale a pena ser fiel à ética. Sem religião é mais fácil não ver claro porque se deve manter condutas que supõem sacrifícios. E isso acontece mais ainda quando a moral laica se transmite de uma geração a outra sem uma reflexão maior, ou sem uma vinculação a crenças religiosas, porque então é fácil que esse idealismo se transforme em ideias sem um fundamento claro e, portanto, sem força[18].

Formar pessoas de cultura

A consideração da identidade cristã do colégio nos permite agora voltar a um aspecto já aludido que deve ser aprofundado: *mais do que formar alunos instruídos, o objetivo do Colégio Porvir é formar pessoas de cultura*. Num sentido amplo, a cultura é o cultivo do espírito, da vida intelectual. E esse cultivo se realiza em grande parte pelo estudo do que os outros homens sonharam e realizaram.

No Colégio Porvir, os meninos e as meninas, desde pequeninos, são gradativamente apresentados às obras dos grandes nomes da humanidade: contemplam os quadros dos grandes pintores, antigos e modernos, conhecem as esculturas,

---

18 Entrevista com Alfonso Aguiló, diretor do Colégio Tajamar, em Madri.

assistem às grandes peças teatrais, identificam os estilos, recitam e ouvem recitar os poemas, apreciam os grandes literatos, ouvem as grandes peças musicais. Durante anos, sem pressas nem exageros, de uma forma gradual e suave, as almas dos alunos se embebem com a sabedoria dos séculos, ao mesmo tempo em que eles são incentivados a dar a sua opinião e a argumentar, a comparar, a discernir.

Há uma analogia frequente entre o cultivo da terra e a cultura da inteligência: uma inteligência inculta é uma inteligência selvática, anárquica e confusa. Os acontecimentos deixam nela uma marca, uma *impressão*, mas de modo desorientado e superficial, que não permite o verdadeiro conhecimento, nem a certeza: por falta do hábito de pensar, por não saber praticar a liberdade de julgar e de escolher, a pessoa fica marcada pelo acontecimento, mas não *conhece*. O homem culto, de qualquer idade, é aquele que organizou o seu saber e que o aumentou com a ajuda do saber alheio. Seu trabalho intelectual, seu esforço por saber de Deus, do homem e das coisas, é sistemático e fecundo. Não é a simples informação vaga, nem tampouco a erudição exibicionista. Não se cultiva o espírito com conhecimentos que não se assimilam. O pedantismo, o memorismo superficial, o afã de novidades são falsa cultura.

Primeiro, é preciso informar-se, mas logo depois, é preciso discernir, julgar, estudar, refletir. Assim são estimulados, desde a primeira infância, os alunos do Colégio Porvir. O estudo e a reflexão enriquecem sua inteligência, e sua vida se torna mais fértil: o aluno observa, não apenas olha; analisa, não apenas toma conhecimento; opina, não apenas repete o chavão da revista semanal ou do jornal televisivo. Seu trabalho intelectual é sistemático e fecundo: o homem se eleva, por assim dizer, de sua limitação pessoal e vê tudo com a ampla perspectiva de uma cultura que é fruto do esforço de muitos.

Um dos grandes preconceitos contra a Igreja, velho já de cinco séculos apesar de sempre desmentido, é o de que a cultura humana e a fé não podem se harmonizar. No Colégio, alunos e professores demonstram com sua vida, naturalmente e sem esquisitices, que a verdadeira ciência humana, a cultura retamente entendida, leva — se não à fé, que é um dom sobrenatural — a um conhecimento natural e reto de Deus, que é como que um preâmbulo da fé. A cultura humana que contradiga a fé é falsa, e seu mais claro sinal de falsidade é exatamente o fato de a contradizer. São Pio X ensina que uma verdadeira cultura se constrói iluminada pela fé: «Tão resplandecente é a luz da Revelação católica, que espalha por todas as ciências o fulgor de seus raios»[19]. E cem anos depois Bento XVI, falando aos jovens em Colônia, durante a vigésima Jornada Mundial da Juventude, comenta como a consideração dos bens culturais pode ser um caminho de crescimento rumo à santidade:

> Assim como os Magos, também todos os fiéis, em particular os jovens, são chamados a enfrentar o caminho da vida em busca da verdade, da justiça e do amor. Temos o dever de buscar esta estrela, devemos segui-la. Trata-se de um caminho, cuja meta resolutiva só se pode descobrir mediante a descoberta de Cristo, um encontro que não se realiza sem a fé. Neste caminho interior podem servir de ajuda os múltiplos sinais que a longa e rica tradição cristã deixou de maneira indelével nesta terra da Alemanha: dos grandes monumentos históricos às inúmeras obras de arte espalhadas pelo território, dos documentos conservados nas bibliotecas às tradições vividas com a intensa participação popular, do pensamento filosófico à reflexão teológica dos seus numerosos pensadores, da herança espiritual à experiência mística de uma plêiade de santos. Trata-se de um preciosíssimo patrimônio cultural e espiritual que ainda hoje, no coração

---
19   Pio X, Encíclica *Il fermo proposito*, 11 de junho de 1905, n. 4.

da Europa, dá testemunho da fecundidade da fé e da tradição cristã, e que devemos fazer reviver, porque contém em si uma nova força para o futuro[20].

---

20 Discurso de Bento XVI em cerimônia de boas-vindas no aeroporto internacional de Colônia-Bonn (Alemanha), em 18 de agosto de 2005, durante a 20ª edição da Jornada Mundial da Juventude.

UMA CONVERSA EDUCATIVA

Sem métodos, mas com estilo

Numa pequena colina do outro lado do campo de futebol, encontramos um grupo de adolescentes, cada um com seu cavalete de pintura, procurando expressar em cores e formas uma parte da paisagem. Acercamo-nos curiosos e notamos que conversando com eles está o diretor do colégio, de aparência surpreendentemente jovem também. Depois das apresentações e cumprimentos, aproveitamos a presença do diretor para perguntar qual o *método* educativo que segue o Colégio Porvir. Sem conter um sorriso ao ouvir a palavra *método*, ele responde[1]:

— Aqui não falamos de *métodos* educativos, mas de um *estilo*. Em educação há muitos métodos, muitos sistemas, muitas modas, que espocam nas

---

[1] Usamos o recurso literário de uma conversa para exprimir algumas ideias pedagógicas de Alejandro Llano, catedrático de Filosofia na Universidade de Navarra. A essência das respostas dadas pelo «diretor» pode ser encontrada no seu artigo «La era de la educación», *Nueva Revista*, outubro de 2007, n. 113, págs. 9-24.

páginas das revistas e nos anais dos congressos, praticamente todos os anos. Muitos donos de colégio, com medo de serem tidos por retrógrados, mal ouvem falar de um novo método e imediatamente se apropriam dele, ou de seu nome, e o inserem em seus folhetos e anúncios de propaganda. O resultado às vezes é francamente ridículo. Sei de escolas que se afirmam ao mesmo tempo *construtivistas*, *montessorianas*, *sócio-interacionistas*, *piagetianas*, *vanguardistas*, *tradicionais*, e não sei mais o quê, sem atentar para o fato de que muitos desses ditos *métodos* são contraditórios e, portanto, mutuamente excludentes. Nós adotamos um estilo, um modo de ver o mundo e as pessoas, que recebe o nome de educação personalizada. Temos um ideário que traça os princípios desse estilo e formamos nossos professores e pais nesse ideário. Não temos *modas educativas*. Elas vêm e vão depressa demais para serem sérias.

Hábitos bons, sem rotinas mecânicas

— Mas se fala tanto de sistemas educativos... Há dezenas, centenas deles à venda por aí...

— Não existe um sistema absoluto. Como já disse, não se pode educar com um método igual para todos, exatamente porque as pessoas não são iguais. Não há mecanicismos nem automatismos em educação. Há muito tempo a pedagogia confunde *hábito* com *rotina, costume* ou *habilidade*. O hábito não é apenas uma competência, um «saber fazer», mas um crescimento interior, em direção a si mesmo. Não é porque um menino adquiriu por repetição o costume de fazer a lição em determinado horário que adquiriu o hábito do estudo. Não é porque a menina tenha sido treinada a manter o caderno e o armário ordenados que ela possui a virtude da ordem.

— E como saber se a *rotina* realmente se transformou em *hábito* bom, arraigado na alma do aluno?

— Acredito que a única forma de se comprovar isso é «correndo o risco da liberdade», dando ao aluno todo o apoio e incentivo, sem ficar «pegando no seu pé» com fiscalizações e controles. Se ele livremente faz, sem fiscalizações de tipo algum, é porque realmente o habito se interiorizou. Não lhe parece correto agir assim?

— Sim, mas muitos acham isso arriscado... Preferem se garantir com alguma forma de controle e fiscalização. Há até mesmo colégios que instalam câmeras de vigilância por todas as partes, para fiscalizar tanto alunos como professores...

— Mas a fiscalização e as câmeras só podem fiscalizar o exterior, e o controle só pode controlar o registrável. E pretender que os hábitos se adquiram a partir de atividades exteriores e registráveis equivale a desconhecer a própria natureza da educação. Acreditar que um aluno está formado porque cumpre um programa imposto de fora, ou que um professor é ótimo quando preenche a papelada demonstrativa de sua atividade, é uma amostra do naturalismo que rege muitas concepções atuais de educação.

— Então os hábitos não podem ser adquiridos por programas, por mais bem-intencionados que sejam...

— Não, não podem. Ao contrário do que prometem os livros de autoajuda, e não poucos programas de pós-graduação, não existem protocolos fixos para adquirir os hábitos que enriquecem a pessoa. Uma larga experiência nos ensina que o autêntico crescimento educativo, a verdadeira maturidade pessoal, não se consegue por meio de um ativismo buliçoso, mas sim através da serenidade, que vem do silêncio criativo. Como sempre repete Leonardo Polo, «pensar é parar para pensar». Aqui procuramos criar as condições e dar a liberdade para que nossos alunos pensem. Depois disso, o mais pedagógico a fazer é muitas vezes sair de sua frente, e deixá-los criar.

— Você acredita que o uso do computador e das redes sociais seja uma dificuldade ao bom uso do pensamento?

— Pelo contrário! Acreditamos que as redes sociais e as novas tecnologias, bem empregadas, são utilíssimas para proporcionar aos alunos o ambiente, as condições, o embasamento para que sobre isso desenvolvam suas capacidades. Mas nunca iremos investir em instalações apenas porque são vistosas, ficam bem num folheto de propaganda, ou impressionam certo tipo de pais. Vamos sim investir nas pessoas, que é de onde toda inovação surge, e para onde toda inovação deve retornar. Vamos permitir que possam pensar, que tenham tempo e sossego para refletir, para ler muito, para estudar, para terem a rebeldia de inovar. Porque hoje sabemos que a ciência, o humanismo e a tecnologia não progridem por acumulação, mas por mudanças de paradigmas, por revoluções epistemológicas, por novas formas de investigar.

— E se alguém objetasse que essa variedade toda é muito difícil de coordenar, que os objetivos gerais não ficam muito claros, e que em nome de uma uniformidade e de uma organização seria melhor sacrificar um pouco as particularidades? Um colégio não precisa ser bem organizado?

— Claro que precisa. Mas o que nos sobra, até demais, em nosso sistema educativo, é a organização. O que nos falta é a vida. Muitos colégios se afanam em mostrar resultados de procedimentos exatamente porque não geram nenhum enriquecimento intelectual e humano. Então, o que se deve ensinar e aprender é programado ponto por ponto, sem deixar espaço para o improviso. Todos os objetivos programáticos são apresentados por escrito, em um documento que fica arquivado no colégio e à disposição dos «inspetores de qualidade» oficiais. E os pobres professores se queixam de que não têm tempo para preparar convenientemente as aulas e muito menos para pesquisar, de tanto que os papéis os absorvem e requisitam.

Fecundidade orgânica

— Mas você precisa concordar que, pelo menos na aparência, esses colégios são muito eficazes...

— Caberia perguntar se o que estamos querendo de nossos alunos é a eficácia ou a fecundidade. A *eficácia*, que nos é cobrada nos vestibulares, tem a ver com o quantitativo e se pode conseguir do aluno a curto prazo, por um procedimento calcado apenas em objetivos e metas, que mata a criatividade, impede a inovação e é tão pouco formativo que eu não hesitaria em chamar adestramento, puro e simples. Há muitos «cursinhos» que fazem isso, e infelizmente muitos colégios também. Já a *fecundidade* se embasa no qualitativo e necessita de tempo, e principalmente de liberdade para se desenvolver. Quando se busca a fecundidade, o que tem mais valor não é o que se consegue exteriormente, mas a melhora pessoal. O aluno passa a ser considerado não pelo que faz, mas pelo que *é*. Acredito que essa é a pedra de toque que todo pai deveria usar na avaliação do colégio de seu filho: no final de um período, perguntar-se não tanto o que ele aprendeu ou é capaz de fazer ou repetir, mas o quanto ele cresceu enquanto pessoa, e que participação teve o colégio nesse crescimento.

— A objeção de um pai pragmático seria: isso é muito bonito, mas não faz ganhar dinheiro. Quero meu filho treinado para o mercado de trabalho...

— É preciso ter em conta que, na sociedade do conhecimento que estamos adentrando, a própria economia apresenta um forte componente humanístico e intelectual. As empresas buscam cada vez mais um valor agregado puro, que é precisamente o que procede da capacidade de inovar, de criar. Ninguém está mais cotado no mercado de trabalho de ponta do que aquele que tem ideias novas, aptas não apenas para solucionar os problemas insolúveis pelos paradigmas antigos, mas inclusive aptas para criar novos problemas que por sua vez exigirão soluções novas também. Essa é a formação que pretendemos dar a nossos alunos. O ensino pragmático de horizontes curtos se limita a produzir burocratas e tecnocratas, mas nunca engendrará pesquisadores. A terra fértil onde nascem os pesquisadores, isto é, os profissionais criativos, é o ambiente educativo onde o estudante se põe em contato com as criações da humanidade, onde ele pode ver e sentir o quanto de inovador essas criações traziam quando foram pensadas. Nossos alunos precisam ser *ambientados*, no sentido maior dessa expressão: precisam de ambientes que os estimulem a crescer, e professores e colegas que os ajudem a se tornar aquilo que em potência eles já são.

— É o «*torna-te o que és*», de Píndaro...

— Exato! E que se encontra também no desenho animado O Rei Leão, está lembrado? Simba, o leão, abandona sua vocação e procura uma vida despreocupada e sem compromissos. E seu «tutor», para o chamar à realidade, faz com que ele contemple a própria imagem, citando Píndaro: «Você está sendo menos do que você é». Queremos que nossos alunos, mais do que qualquer coisa, conheçam a si mesmos em todas as suas potencialidades, que sempre são muitas. Por isso os estimulamos, de todas as formas, a pensar.

Literatura, Arte e Filosofia, desde a infância

— Isso significa privilegiar algumas matérias no currículo, em detrimento de outras?

— Sinceramente, acredito que todas as matérias, tanto humanas quanto exatas, se prestam, quando bem ensinadas, a *abrir a cabeça* do aluno para o mundo do pensamento e da imaginação criativa. Tive uma professora de matemática com talento para descortinar universos de possibilidades em minha imaginação de adolescente. Mas há, evidentemente, algumas matérias onde essa abertura aparece com mais facilidade.

— Por exemplo?

— As que dizem mais respeito ao homem, que mais tocam na essência da pessoa humana, ou que por sua natureza são mais abrangentes, descortinando horizontes maiores para o aluno. No Ensino Fundamental, a História das Mentalidades, a Música, a Filosofia, o Teatro, a verdadeira Educação Física, e evidentemente, a Literatura. No Ensino Médio, além dessas, a Sociologia, e a Antropologia contribuirão em muito para que o aluno conheça melhor as sociedades e a si mesmo.

— Literatura e Filosofia para crianças no Ensino Fundamental?

— Sem dúvida, sem dúvida! Não subestime a capacidade de maravilhamento que as crianças possuem. A Literatura, em particular, deve ser ensinada com muita intensidade. Acredito que a ideia pedagógica mais urgente a ser defendida hoje em dia no Brasil é a da enorme eficácia formativa do estudo de nossa língua e de nossa literatura. Acredito que a grande literatura, que representa os altos cumes da capacidade humana de expressão, exerce uma profunda depuração dos espíritos. O conhecimento da língua dota o homem de uma capacidade de expressão sem a qual são impossíveis a vida intelectual e a vida do espírito. Cancelar ou minimizar o estudo da literatura é um suicídio mental de todo um país. Converteria nossos alunos em órfãos sem genealogia intelectual e humana, pessoas estéreis de qualquer futuro, presas fáceis da superficialidade, que é a grande ameaça de nossa época. E muita gente boa já reconheceu a importância do ensino da Filosofia desde a infância como estímulo ao pensamento e ao deslumbramento diante do mundo.

— Mas hoje em dia as crianças e os jovens são tão avessos à leitura...

— Por natureza, tenho certeza de que não são avessos a nada. Ninguém nasce com aversão a algo bom, mas adquire essa aversão por influência de outros. Antes de nos queixarmos de que nossos filhos ou nossos alunos não gostam de ler, vamos nos perguntar o que fizemos para que eles adquirissem esse bom hábito. Quando eram pequeninos, soubemos ler para eles belas histórias em belos livros? Presenteamos com livros escolhidos e atraentes, próprios para sua idade? E principalmente, demos o exemplo de amor à leitura? Nossos filhos e nossos alunos nos veem lendo e comentando o que lemos? Algumas famílias de nosso colégio estabeleceram em casa um horário diário em que a TV fica desligada e onde todos — absolutamente todos, pais e filhos — se reúnem para ler e comentar o que leram. É um programa de sucesso absoluto. Experimente e verá...

Respeito às características de cada sexo

Diante da disponibilidade e do bom-humor do jovem diretor, nos aventuramos a prolongar ainda mais a conversa. Ele devia ter mil outras coisas para fazer, e provavelmente só havia parado ao lado dos jovens pintores com a intenção de ficar um ou dois minutos. Mas em nenhum momento ele demonstrava pressa ou impaciência. Um modelo de cavalheirismo.

— Posso fazer algumas perguntas sobre a característica deste colégio que mais chama a atenção à primeira vista?

— Esteja à vontade! Que característica seria essa?

— O fato de ele não ser misto. Sei que vocês têm outro colégio próximo, para as meninas. Por que a separação?

Sempre sorrindo, o diretor responde:

— Talvez porque sejamos um colégio moderno, jovem, e por isso um pouco rebelde. Nós nos rebelamos contra a imposição social, contra essa intolerância dogmática de que a educação juvenil precisa obrigatoriamente ser mista.

— Não é uma exigência legal que o ensino seja misto?

— De forma alguma... Mas em nosso país, atualmente, se uma pessoa põe em dúvida o dogma da educação mista, ainda que seja apenas para levantar as possíveis desvantagens de meninos e meninas estudarem juntos, será imediatamente acusado de retrógrado, adepto de algum movimento religioso radical ou um excêntrico contrário a um princípio democrático tido por indiscutível[2].

— Em outros países, como é vista a educação não-mista?

— Em muitos países ditos do primeiro mundo, a educação especializada por sexos é uma das tendências educativas mais modernas, apoiada pelas direitas e pelas esquerdas, por feministas e não-feministas. Ela já transcendeu as ideologias, porque se baseia em dados científicos incontestáveis,

---

[2] A linha argumentativa e os autores citados pelo diretor com respeito à alternativa «educação mista ou especializada» estão presentes no estudo de María Calvo Charro, *Niñas y niños, hombres y mujeres: iguales pero diferentes: cerebro, hormonas y aprendizaje*, Almuzara, Madri, 2007. A autora é professora titular da Universidade Carlos III de Madri.

o primeiro dos quais é o fato óbvio de que meninos e meninas são diferentes e que, portanto, necessitam de uma educação que leve em conta essas diferenças.

— Algumas pessoas acham que isso é coisa do passado...

— Venham comigo até a biblioteca da escola. Quero lhes mostrar uma coisa.

Despedimo-nos dos jovens pintores e acompanhamos o diretor até a ampla sala de consulta da biblioteca. Dezenas de alunos estavam lá sozinhos e em grupos, alguns lendo e fazendo anotações, outros pesquisando nos computadores, sob a orientação de um monitor. O diretor foi a uma estante e voltou com alguns livros e um portfólio volumoso. Sentamo-nos a uma mesa mais separada para não atrapalhar os pesquisadores. Abrindo o portfólio, ele explicou:

— Aqui vamos guardando os recortes sobre esse tema da educação especializada, na medida em que aparecem nas revistas. Temos outro arquivo virtual para o material buscado na internet.

O primeiro recorte era um artigo do *New York Times Magazine*[3]:

— Vejam este. É um artigo da educadora norte-americana Elizabeth Weil: «Ensinar meninos e

---

3   Elizabeth Weil, «Teaching Boys and Girls Separately», *The New York Times Magazine*, 2 de março de 2008.

meninas separadamente». Ela relata como nas escolas públicas norte-americanas está crescendo cada vez mais a preferência dos pais para que seus filhos estudem em classes de educação especializada por sexos. E menciona como o diretor de uma escola pública de Nova York decidiu fazer essa experiência depois da leitura do livro de Michael Gurian *Meninos e meninas aprendem de modo diferente!*[4], e relata o sucesso estrondoso da experiência, com a entusiástica aprovação dos pais.

Folheou o portfólio e exclamou:

— Vejam estes dois outros artigos, do *Newsweek*[5] e do *Le Monde*[6], também falando da educação norte-americana: em mais de uma dúzia de estados — Texas, Colorado, Michigan, Georgia, entre outros — vêm-se separando alunos e alunas para melhorar o resultado acadêmico e a disciplina. Um exemplo emblemático é o sucesso da *Young Women´s Leadership Academy*, do East Harlem, aberta em 1996. Este centro atinge taxas regulares de 100% de aprovação na universidade, enquanto que a média das escolas de Nova York é de 42%. Mesmo com 90% das alunas procedendo de famílias sem estudos, essa escola conseguiu que todas

---

4   Tradução livre do título do livro de Michael Gurian, *Boys and Girls Learn Differently! A Guide for Teachers and Parents*, Jossey-Bass, Indianapolis, 2010.
5   Cf. *Newsweek*, 24.06.1996.
6   Cf. *Le Monde*, 09.01.2003.

elas entrassem na universidade. As novas escolas de educação separada recebem apoios de todas as tendências: republicanos, democratas, feministas, pesquisadores, progressistas.

— Essa é uma tendência apenas norte-americana?

O diretor tomou um dos livros que havia trazido:

— Este é um autor francês, Michel Fize, sociólogo, especialista em temas de família. O livro é de 2003 e se intitula *As armadilhas da educação mista*[7]. Esse livro teve o dom de levantar a questão e a partir daí a educação mista passou a ser seriamente contestada na França. Veja este artigo, de um jornal australiano de grande prestígio[8], atestando que a procura por escolas mistas teve uma queda de mais de 50%, e este outro, sobre a educação na Alemanha, onde, depois de uma série de pesquisas, as aulas especializadas por sexo foram incentivadas[9].

— Eu acreditava que isso de ensino separado por sexos fosse coisa só dos ingleses, e apenas para ricos...

---

7   Michel Fize, *Les pièges de la mixité scolaire*, Presses de la Renaissance, Paris, 2003.

8   Entre as experiências realizadas na Austrália, podemos citar o êxito da Appin Park Primary School, em Melbourne, onde, depois de um acordo entre pais, professores e alunos, formaram-se várias classes especializadas por sexo, tendo como consequência uma notória melhora no comportamento e no rendimento dos alunos. Os dados foram publicados pelo jornal mais prestigioso de Melbourne, *The Age*, em 11.10.2004.

9   Regiões de Berlim e Renânia do Norte-Vestfália. Dados obtidos em www.arvo.net.

— No Reino Unido, como é sabidamente conhecido, os colégios mais prestigiosos não são os mistos[10]. Ainda assim, em dezembro de 2004, o ministro da Educação David Miliband afirmou a necessidade de se insistir na divulgação dos benefícios que têm os jovens com uma educação em colégios de educação singular[11]. Mas como vocês podem ver, a tendência é mundial. Não deixa de ser sintomático o fato de que uma das únicas escolas brasileiras de educação especializada para meninos tenha obtido o primeiro lugar nacional[12].

— Pelo visto é mesmo uma tendência mundial... Qual a razão dela?

— Acho que os educadores finalmente voltaram a reconhecer algo que foi muito negado nos últimos decênios: homens e mulheres são diferentes. É a conclusão científica de muitos estudos recentes. Vejam estes três livros. O primeiro é da Christina Hoff Sommers, uma famosa feminista norte-americana, conhecida em educação principalmente por seu livro *A guerra contra os meninos*, onde demonstra

---

10 A esse respeito é interessante o estudo realizado pela *Organisation Internationale pour le Développement de la Liberté d'Enseignement* (OIDEL), em que se conclui que, entre as 50 melhores escolas do Reino Unido, 36 são de educação especializada.

11 Cf. Christina Odone, «Single-sex schools get top marks», *Timesonline*, 18.11.2004.

12 Colégio São Bento do Rio de Janeiro. Cf. *O Estado de S. Paulo* de 4 de abril de 2008.

como a educação mista prejudica principalmente os alunos do sexo masculino. Este é um outro estudo dela, também de nome muito sugestivo: *Deem uma oportunidade para as escolas de educação especializada por sexo!* Aqui ela usa uma imagem bem atual, afirmando que as diferenças entre homem e mulher *estão no hardware, e não apenas no software imposto pela sociedade*[13].

Mostrou o terceiro livro e continuou:

— Este outro é da Helen Fisher, chama-se *O primeiro sexo*[14] e defende a desigualdade entre homens e mulheres a partir de dados científicos sobre o cérebro, os hormônios e a genética. Segundo as suas próprias palavras, «as únicas que não gostaram do meu livro foram as feministas tradicionais, porque insistem em acreditar que homens e mulheres são absolutamente iguais. E isso não é verdade: cada sexo joga com um baralho de cartas evolutivas diferentes».

Rimos com a imagem do baralho de cartas evolutivas diferentes e lembramos do *best-seller* de John Gray: *Homens são de Marte, mulheres são de Vênus*[15].

---

13 Christina Hoff Sommers, *The War Against Boys*, Simon & Schuster, Nova York, 2001; «Give Same-Sex Schooling a Chance», *Education Week*, 26.09.2001.

14 Tradução livre do título do livro de Helen Fisher, *The First Sex*, Ballantine, Nova York, 2000; assim chamado em contraposição ao livro da feminista Simone de Beauvoir, *O segundo sexo* (1949), onde se afirma que a mulher «não nasce, mas se faz».

15 John Gray, *Homens são de Marte, mulheres são de Vênus*, Rocco, Rio de Janeiro, 1997.

O livro, de um sucesso estrondoso e internacional, diz exatamente isso: homens e mulheres são diferentes, e a receita da harmonia conjugal está exatamente em nunca esquecer essas diferenças, e saber lidar com elas. Por que esse princípio tão claro não se aplicaria também na educação? Por que insistir em pressionar os jovens de uma forma que violenta sua própria natureza?

O diretor concordou de imediato e complementou:

— A educação especializada consegue tirar o melhor dos estudantes exatamente porque leva em conta essas diferenças de percepção, de afinidades, de ritmo. Sabemos que não estamos diante de uma massa de «menores», de seres assexuados de gênero neutro, mas diante de meninos e meninas, diante de pessoas únicas, para quem a tarefa educativa deve ser um trabalho de detalhe, de filigrana, atendendo a todas as peculiaridades de cada um, e especialmente a essa enorme particularidade genética de estarmos tratando ou com um varão, ou com uma mulher. Uma escola que se afirma de educação personalizada e não assume isso está em contradição consigo mesma, e não pode ser séria.

— Uma possível objeção: alguém poderia lhe dizer que se a educação é personalizada, isto é, se o atendimento é individual, pouca diferença vai fazer se a classe é mista ou não. O que importaria é o atendimento de cada um.

— Respondo com as palavras de um amigo meu, diretor de um grande colégio em Barcelona[16]. A educação personalizada será tão mais exequível quanto mais uniforme for o grupo, pois certa uniformidade permite atender melhor à diversidade. Uma classe somente de meninas terá algumas características de variáveis emocionais, comportamentais e evolutivas muito menos díspares do que uma classe mista, e por isso mesmo se poderá *chegar* melhor em cada aluna.

— Explique isso um pouco mais, por favor.

— Veja este estudo da revista *Business Week*[17]. As diferenças de ordem biológica existentes entre homens e mulheres incidem diretamente em seu desenvolvimento pessoal, emocional e intelectual. As meninas amadurecem muito antes, de tal forma que essa discrepância chega a ser o equivalente a dois anos biológicos. A velocidade diferente de amadurecimento provoca por sua vez diferenças palpáveis no rendimento acadêmico de uns e de outras: dos 7 até os 16 anos as meninas rendem intelectualmente mais, especialmente entre 12 e 14. Nessa mesma idade, os meninos são mais buliçosos, ativos e inquietos do que elas. A soma

---

16 Miguel Riera, diretor do Colégio La Farga, em Sant Cugat del Vallès (Barcelona).
17 *Business Week*, 26.05.2003.

desses dois fatores provoca uma enorme diferença no aprendizado e no estudo, o que faz com que os meninos se sintam desmotivados em competir com as colegas e por isso reduzam o nível de suas aspirações.

— Um bom professor não saberá compensar isso de outra forma?

— Imagine a situação de um bom professor em uma sala mista, meninos e mocinhas de 14 anos. Se ele explicar de forma detalhada e analítica, as meninas ficarão enfastiadas, pois são muito mais intuitivas que seus colegas. Se o professor optar por uma abordagem ágil, as meninas captarão melhor, mas os meninos ficarão «boiando». Professores de colégios mistos norte-americanos afirmam perder 80% de seu tempo de aula resolvendo crises geradas pelas diferenças de critérios e formas de pensar entre meninos e meninas. Com a educação especializada se pretende dar uma solução para essa diferença de maturidade, especialmente no período da adolescência, abrindo a porta à plena realização profissional e pessoal dos dois sexos.

— Mas a escola não deve ser uma preparação para a vida? Se os meninos e as meninas irão conviver na vida, por que não começar a conviver já na escola?

— Essa seria realmente uma objeção válida, se a escola fosse o único espaço de socialização disponível. Mas atualmente é ingenuidade acreditar que tanto meninos quanto meninas não tenham outros espaços para se encontrarem, e que portanto necessitem disso na escola. Um aluno estudando em período integral passa na escola em um ano cerca de 15% de seu tempo. Sobram-lhe 85% para empregar, se assim o quiser, na convivência com o sexo oposto. Além disso, já ficou amplamente demonstrado pela experiência que essa convivência social na escola tem muito mais resultados negativos que positivos.

— Você poderia citar alguns desses resultados?

— Um monte. Comecemos pelos que afetam as crianças menores, até 10 ou 11 anos. Nessa idade, enquanto que para as meninas é perfeitamente natural e fácil ficar sentadas e prestar atenção, os meninos precisam estar mexendo com alguma coisa, levantar-se do lugar, movimentar-se. Isso causa problemas para os professores, e surge entre eles a tendência a criminalizar o comportamento dos meninos, que se queixam com razão de que são castigados com maior frequência, simplesmente por se comportarem como meninos. Esse vezo de querer a todo custo que os meninos «fiquem quietos» como suas colegas levou muitos educadores ao extremo de os classificar como anormais, atribuindo a crianças perfeitamente sadias um transtorno conhecido como TDAH (Transtorno de déficit de atenção com hiperatividade). O mais grave é que esse transtorno passou a ser tratado com uma droga que se tornou tristemente famosa pelo abuso: a ritalina, que tem um efeito «calmante» e que em médio prazo pode gerar uma dependência perigosa[18]. Assim, medicam-se meninos perfeitamente saudáveis para que não expressem os traços próprios de seu sexo (inquietude, agressividade, rapidez, expressividade, emotividade...) e se tornem mais semelhantes às meninas que supostamente são as «normais» pelo fato de serem mais tranquilas e disciplinadas.

— Mas não é bom que os meninos se acostumem a ser educados, delicados, gentis?

— Claro que é, mas não através de drogas. Não se trata, obviamente, de defender a grosseria e a falta de educação. Todos estamos de acordo em que os meninos têm que aprender a tratar bem os menores, a ser respeitosos para com os mais velhos, amáveis e gentis com todos. Mas isso tudo se pode ensinar dando-lhes formação nos valores humanos, sem que seja preciso afetar sua masculinidade. O fato de o menino gostar de jogos e de lutas, de brincar com agressividade, rapidez e movimento, não significa que não possa ser ao mesmo tempo justo, solidário, honesto, generoso, trabalhador e sensível ao problema dos demais.

---

18   National Institute on Drug Abuse, *Infofacts*, «Ritalin», 2004.

— Concordo inteiramente.
— Agora vejamos o que acontece com os que estão na pré-adolescência. O rapazinho, mais imaturo que suas colegas, é por elas facilmente suplantado, não apenas no que se refere ao estudo sistemático, mas em tudo o que envolve sutileza de entendimento, percepção de matizes, senso de oportunidade, elegância de comportamento, etc. Diante dessa situação, é comum que ele reaja exacerbando naquilo em que se sabe superior, cometendo excessos de violência com gestos que, mais que afirmar a virilidade, se tornam grosseria machista. A consequência é que as meninas se afastam, e os dois grupos que teoricamente deveriam conviver em harmonia, estabelecem territórios exclusivos. Basta olhar para o pátio de recreio de uma escola mista, em qualquer lugar do mundo, para verificar isso. As quadras, os grandes espaços, são os lugares onde se desenvolve a «hegemonia masculina», com atividades violentas e cinéticas, de que as meninas têm horror de participar. Sobram para elas os cantos, os espaços muito reduzidos e limitados.
— É verdade. Mas quando a adolescência se adianta um pouco mais, surge a época do namoro, e aí os interesses pelo sexo oposto assumem outra feição...
— Mas aqui também a escola não parece ser o lugar ideal para essa autenticidade de convívio

que se pretende. Nessa fase, expostos de forma contínua aos olhares dos colegas do outro sexo, tanto rapazes como moças se mostram, não como realmente são, mas como supõem que esses ou essas colegas gostariam que fossem. Grande parte do tempo que deveria ser dedicado ao trabalho e ao estudo é gasto em representação. E há ainda um outro aspecto nesse convívio que deve ser levado em consideração... Um momento...

O diretor voltou às estantes, e depois de uma breve procura, retornou com mais um livro:

— Este aqui fica em outra estante, na seção de psicologia. É um estudo afamado do psiquiatra Luis Rojas Marcos, professor da Universidade de Nova York[19]. Ele ressalta a importância de se compartimentar nossas atividades agradáveis em *departamentos* separados: «Da mesma forma que os investidores não põem todo seu capital em um único negócio, não devemos depender de uma única fonte para abastecer nossa satisfação com a vida».

— Como diz o ditado popular, não se devem carregar todos os ovos em um só cesto...

— Exatamente. Trata-se de ter nossas alegrias repartidas em vários cenários: o trabalho, a família, os amigos de fim de semana, *hobbies* (pintura,

---

19 Luis Rojas Marcos, *Nuestra incierta vida normal*, Punto de Lectura, Madri, 2006.

pesca, fotografia); atividades sociais e solidárias... De tal forma que se tivermos um problema em algum desses «departamentos», podemos nos manter bastante equilibrados, já que temos outros «mundos» que continuam nos proporcionando satisfação. Essa é uma atitude fundamental para se garantir um bom equilíbrio emocional. Entretanto, nos colégios mistos, o normal é que os jovens tenham dentro da escola tanto seus amigos quanto, seus namorados e namoradas, de tal forma que dois ou mais «departamentos afetivos» estão juntos em um mesmo cenário de vivência. Quando rompem com seus namorados — o que é muitíssimo frequente nessa idade —, o efeito pode ser traumático porque se potencializa, já que os envolvidos continuam inevitavelmente a se ver nas aulas ou nos intervalos, queiram ou não. Além disso, essas rupturas costumam provocar a vitimização do que foi «abandonado», e em consequência a reação adversa de todo o grupo de amigos contra o que decidiu pôr fim à relação. Isso ocasiona situações muito incômodas na escola. Pelo contrário, os meninos e meninas que frequentam colégios de um só sexo forçosamente diversificam os investimentos que fazem em suas amizades. No colégio têm os amigos ou as amigas, e fora do colégio têm os seus namorados ou namoradas. De tal forma que os problemas inerentes à vida sentimental ficam sempre fora do colégio, e encontram nele o seu «refúgio», uma parcela de intimidade à margem dos traumas românticos.

Tivemos que reconhecer a lógica da argumentação do diretor. Fechando os livros que se estavam espalhando por toda a mesa, ele continuou:

— Mas todos sabemos que as pessoas não se convencem e mudam de atitude apenas pela lógica da argumentação. Por isso, evitamos ficar verberando contra os colégios que optam pela educação mista. Lutamos, isto sim, pelo nosso direito de escolher o estilo da educação especializada. Lutamos contra o preconceito e o obscurantismo de se condenar um estilo perfeitamente legal sem nenhum argumento sério para isso.

— E em que idade, em sua opinião, não haverá mais inconvenientes no estudo conjunto de rapazes e moças?

— Acredito que por volta dos 17 anos, no final do ensino médio. Quase todos os que estudam esse assunto costumam concordar que, a partir dessa idade, o convívio deixa de oferecer inconvenientes acadêmicos e se torna até mesmo salutar.

— Mas até lá, não haveria o inconveniente de que as meninas estudassem um conteúdo demasiado diferente dos meninos, menos dimensionado para o mercado de trabalho? A separação na escola não seria uma forma de perpetuar a opressão masculina sobre a mulher, principalmente nos países menos desenvolvidos? A educação mista não seria uma garantia de oportunidades iguais para todos?

— Esse foi mais ou menos o argumento do feminismo do final do século XIX e início do XX, para forçar a criação das escolas mistas, que eram então bem mais raras. Argumentavam, com toda razão, contra a injustiça de que certos ensinamentos profissionais, técnicos ou científicos fossem reservados exclusivamente para os meninos, enquanto que as meninas recebiam uma educação que as preparava quase que só para o trabalho doméstico.

— Isso é discriminação, sem dúvida...

— Claro que é. Se uma escola separasse meninos e meninas para discriminar os conteúdos, com isso prejudicando de qualquer forma um dos grupos, estaria tomando uma atitude totalmente condenável e oposta a todas as boas tendências pedagógicas. Mas o que nós defendemos é exatamente o contrário. Sustentamos que os programas e conteúdos oferecidos nas escolas masculinas e femininas devem ser exatamente os mesmos. E que a educação especializada é, além de tudo, uma ferramenta utilíssima para potencializar a assimilação desses conteúdos e o desenvolvimento pessoal dos dois sexos, em um nível que as escolas mistas nunca conseguiriam atingir.

— E por que não?

— Porque o que acontece nas escolas mistas é que, quando existe a possibilidade de escolha, muitas meninas não optam por matérias que são consideradas «tipicamente masculinas», como Física, ou Química, ou Mecânica, com medo de não serem bem aceitas no grupo, ou por acharem ter menos habilidade nessas áreas que seus colegas. Quando o colégio é de educação especializada, elas escolhem essas áreas com toda a naturalidade, e têm um rendimento excelente. Da mesma forma, é comum nos colégios especializados as meninas praticarem com regularidade futebol e karatê, coisa que poucas fariam em uma escola mista. O mesmo acontece com os meninos: matérias como Francês, Poesia, Canto, etc., são vistas nos colégios mistos como «coisa de meninas», mas são aceitas pelos rapazes com toda a naturalidade nos colégios de educação especializada. Portanto, se você realmente não quer que haja discriminação e deseja oferecer idênticas e ideais oportunidades de estudo para meninos e meninas, deve lutar pela educação especializada.

Formação dos pais

Durante nossa conversa, notávamos que o diretor várias vezes olhava disfarçadamente para o relógio digital que estava na parede do fundo. Continuava sendo gentil e atencioso, mas estava claro que tinha outro compromisso, e que estava com o tempo contado. Nossa suspeita se confirmou em seguida:

— Tenho uma reunião agora, com um grupo de pais do sétimo ano. Eles vieram para o curso de formação de pais, e combinei um encontro com eles ao final da aula.

— Curso de formação de pais? Os pais também assistem aulas aqui?

Dessa vez, o diretor riu, aberta e francamente.

— Desculpem. Isso para nós é tão natural que fiquei *surpreso com a surpresa* de vocês. Sim, os pais têm cursos próprios no Colégio Porvir. O comum é que eles frequentem os cursos do colégio por mais anos que cada um de seus filhos...

— Como assim?

— É claro. Quando se trata de uma família numerosa, como são muitas aqui, os pais começam a frequentar os cursos quando entra o primeiro filho, e continuarão frequentando até a saída do último. Isso às vezes dura mais de dez anos...

— E que cursos são esses? Com que regularidade?

— Geralmente a regularidade é mensal, e os temas são muitíssimos, todos com a finalidade de ajudá-los a cumprir melhor sua missão educativa. Sabem que essa é uma tarefa muito complexa no mundo de hoje. Antigamente os pais recebiam conselhos sobre a formação dos filhos dos próprios avós das crianças. Além disso, como as mudanças sociais eram muitíssimo mais lentas, eles podiam aplicar com sucesso a filosofia do «Vou educar como fui educado. Se deu certo comigo, dará com meus filhos». Mas isso hoje não é mais assim. Os tempos e as mudanças impuseram a necessidade de uma assessoria externa e de uma verdadeira especialização.

— Então esses cursos equivalem a um MBA da profissão de pais?

Rimos juntos.

— Fora a brincadeira, é isso mesmo. São cursos sérios, com professores especializados, programas, bibliografia, estudos de caso, avaliações e tudo o mais. É uma consequência direta e óbvia de nosso estilo educativo. Os primeiros educadores são os pais. A responsabilidade que carregam é enorme. Se hoje em dia há cursos de especialização para tudo, por que não oferecer também cursos de preparação para os pais? Não é lógico?

— Lógico, sem dúvida é... Apenas não é comum...

— Há lugares no mundo em que isso é comum há mais de 50 anos. E quando nossas escolas realmente se modernizarem, isso se tornará comum em nosso país, com certeza. Nisso também estamos um pouco à frente de nossa época... Vocês não querem dar uma espiadinha nessa palestra que está terminando?

Estava claro que queríamos. O diretor pediu a um dos monitores o favor de repor os livros em seus lugares. Saímos por uma porta interna, descemos uma escada e nos achamos em um largo corredor pouco abaixo do solo, muito bem iluminado, as paredes cobertas de painéis com trabalhos dos alunos.

— Como vocês repararam, nosso colégio não tem um único enorme prédio, mas uma série de prédios espalhados, com estilos diferentes. Isso reforça o ar de casa e de família. Mas todos eles se comunicam por baixo. Quando chove os alunos utilizam estas passagens. E quando estamos com pressa recorremos a elas também... Vamos subir aqui.

Uma escada larga e curta nos deixou no hall de um pequeno edifício envidraçado e rodeado de árvores. A decoração era mais sóbria e quase não se ouvia o burburinho das crianças lá fora.

— Neste edifício há dois pequenos auditórios e os serviços de secretaria. Vamos entrar.

Ele abriu uma porta que dava para um dos *pequenos auditórios* onde estavam sentados por volta de cem pais e mães, participando de uma reunião com um professor bem mais veterano que o nosso amigo diretor. Este saudou o palestrante com um aceno e nos sentamos no fundo. Em voz baixa, nos informou:

— O professor Manuel já foi diretor e professor em vários colégios de educação personalizada na Espanha. É também um grande especialista em formação de pais e em tutoria, com uma dezena de livros escritos sobre o assunto [20]. Nós o convidamos para passar duas semanas conosco, e ele assentiu de bom grado.

A palestra já havia terminado, e o professor estava respondendo a perguntas. Pelas mãos que se levantavam a cada momento, percebi que eram muitas e que teríamos ainda um tempinho para conversar com o diretor. Ele também viu isso, e aproveitou bem o tempo. Cumprimentou com um sorriso o casal de pais que estava à sua frente e lhes pediu emprestado um papel, que vi ser o esquema da palestra que havia terminado. O título geral do curso era *Como educar os seus filhos adolescentes.* A palestra em questão tratava da necessidade que têm muitos pais de *perder o medo de exigir, e exigir com autoridade.* No papel havia uma lista de dez tópicos sob forma de um questionário para os pais, e que o professor obviamente havia acabado de comentar. Era uma lista séria, exigente, apertante:

---

[20] José Manuel Mañú, autor de dezenas de livros sobre educação e formação dos pais, a quem desejo agradecer a acolhida e os conselhos que nos deu no Colégio Gaztelueta. Os tópicos citados em seguida estão em seu livro *Cómo educar a tus hijos adolescentes*, Palabra, Madri, 2003, pág. 41.

1. Você exige de você mesmo aquilo que vai exigir de seus filhos? A exigência que você faz é proporcional à idade e capacidade deles?

2. Você sabe dar os motivos de suas atitudes? Você é coerente com suas convicções?

3. Você prepara seus filhos para que eles também ajam com coerência? Você sabe prevenir e se adiantar a possíveis dificuldades?

4. Você sabe conjugar delicadeza e firmeza? Levanta a voz com muita frequência? Sabe escutar as razões de seus filhos? Sabe dizer «não» quando é necessário?

5. Você tem habilidade para não desgastar sua autoridade com questões de pouca importância? Você é constante e coerente em suas atitudes, ou desconcerta seus filhos com mudanças de critério?

6. Você sabe educar através dos pequenos detalhes, até conseguir o desenvolvimento de uma virtude?

7. Você se pergunta qual a razão da desobediência de seu filho? Diante dele, você tem autoridade, ou tem apenas o poder?

8. Existe um equilíbrio entre as exigências da família e as do colégio? Como se comportam os pais dos amigos de seus filhos? Seus filhos sabem ver e assumir as diferenças existentes entre a educação recebida por eles e a recebida por seus amigos?

9. Você busca a excelência dos seus filhos, apontando-lhes grandes ideais?

10. Você sabe respeitar a legítima liberdade dos seus filhos, ou, pelo contrário, manda em todos os assuntos da mesma forma?

A simples leitura do esquema da aula já entusiasma. Aquilo era realmente um curso sério, teórico e prático ao mesmo tempo. E pela qualidade das perguntas que se faziam, percebia-se que estava sendo muito bem aproveitado. Aqueles pais, alguns em seu primeiro filho adolescente, outros já muitíssimo veteranos nesse árduo mister, queriam realmente aprender, trocar experiências, crescer em sua missão, e viam o colégio como seu parceiro e apoio nesse crescimento. Uma dúvida se impunha e perguntamos ao diretor:

— Organizar cursos assim deve exigir um enorme dispêndio de tempo e de trabalho. Isso não prejudica o foco do colégio?

— Não, pelo contrário: esse *é* precisamente o foco do colégio. Nossa filosofia considera que, num colégio, o mais importante são os pais. Em segundo lugar, os professores. E depois, em terceiro lugar, os alunos. Se formarmos bem os pais e os professores, a formação dos alunos será quase que uma consequência lógica.

— Mas não é difícil conseguir essa adesão e participação dos pais?

— Nós estamos tão convictos de que isso é realmente o principal que conseguimos[21].

Uma salva de palmas com que os casais brindavam o palestrante interrompeu a fala do diretor. Mentalmente, aplicamos aquelas palmas a ele também. Ficava mais evidente a cada minuto que o Colégio Porvir estava fundamentado em convicções, em princípios sérios, em um ideário coerente, e que as pessoas que o dirigiam não se curvavam diante de oportunismos ou pseudoconveniências transitórias. Eram gente séria, e os pais, mesmo quando tinham alguma discrepância pessoal, admiravam isso.

Despedimo-nos do diretor e saímos do auditório para o saguão, e deste para o jardim. Mas em lugar de jardim, havia apenas um belo terreno, vazio. O colégio havia ficado em sua virtualidade...

---

21 Declaração enfática de Alberto Rodríguez, vice-diretor do Colégio Retamar, em Madri, em conversa pessoal com o autor.

A REALIDADE DEPENDE DE NÓS

Um colégio que reúna as características do Colégio Porvir, que vislumbramos em alguns de seus aspectos, é uma utopia, uma idealização, algo que seria «muito bom, mas inatingível na prática»? Demandaria um investimento muito grande, a ponto de se tornar proibitiva a sua materialização? Teria uma mensalidade tão alta a ponto de ser alcançável apenas por uma pequena elite endinheirada? A cada uma dessas três perguntas devemos responder com um solene e rotundo *não*.

O Colégio Porvir *não* é uma utopia. Todas as circunstâncias, todos os recursos didáticos, todas as características humanas que enumeramos, todos os casos que contamos nestas páginas, são absolutamente reais, e existem ou existiram em colégios concretos e com pessoas determinadas, como atestam as citações e os créditos que fomos tendo o cuidado de alinhar, e que talvez o leitor tenha tido a paciência de conferir.

O Colégio Porvir *não* demanda um investimento extraordinário, maior do que demandaria a construção de qualquer outro colégio. Em sua materialidade, ele busca ser elegante, amplo, luminoso, mas não precisa custar uma fortuna extraordinária para ser construído.

O Colégio Porvir *não* precisa ser caro ou exclusivo de uma elite rica. Abriram-se colégios de educação personalizada tanto em bairros paupérrimos e no meio de favelas como em bairros de baixa renda, ou de poder aquisitivo altíssimo. Mais ainda, há *Colégios Porvir* que congregam indistintamente alunos de todas as classes sociais, convivendo em uma harmonia invejável.

O ideal da educação personalizada está sendo aplicado em todo o mundo, em centenas de bons colégios. São muitos, mas poderiam ser muitos mais ainda, se nos conscientizássemos da importância de uma educação assim. Esse papel de conscientização cabe aos pais. A imensa maioria dos colégios de educação personalizada nasceu e nasce ainda da iniciativa de um grupo de pais preocupados com a inexistência ou a precariedade de uma boa educação, e desejosos, com um desejo eficaz, de dar o melhor os para seus filhos. São Josemaria Escrivá muitíssimas vezes estimulou os pais para que unissem esforços para construir e manter colégios assim:

O vosso primeiro interesse é que vossos filhos saiam como desejais, isto é, que sejam pelo menos tão bons e, se possível, melhores do que sois. Insisto, portanto, que esses bons colégios devem ser mantidos por vós, e para vós. Primeiro para os pais de família, depois para o professorado, e depois para os estudantes. Não me perguntem sobre a utilidade desse trabalho. Já a vedes nas pessoas de vossos filhos. Se não vedes ainda melhor, é por culpa vossa, porque não estais rezando, ou porque não frequentais o colégio. Esta obra é vossa, e é muito boa. Não temais que vossos negócios pessoais sofram prejuízo por causa dessa dedicação que o colégio vos pede. Com palavras do Espírito Santo eu vos tranquilizo: *electi mei non laborabunt frustra*[1]. O Senhor os escolheu para esse labor, que se faz em proveito de vossos filhos, do caráter de vossos filhos. Porque aqui não se ensina apenas, mas se educa, e os professores participam dos direitos e deveres do pai e da mãe. O mesmo ocorre em tantos colégios semelhantes a este, que há pelo mundo[2].

E aqui no Brasil esse mesmo santo, em uma conversa familiar com milhares de pessoas, respondeu desta forma a uma mãe preocupada porque não encontrava um bom colégio para seus filhos:

---

[1] «Os meus eleitos não trabalharão em vão» Is 65, 23.
[2] Palavras de São Josemaria Escrivá em reunião no Colégio Viaró (Barcelona) em 21.11.1972.

Em todos os lugares do mundo os pais de família têm essa preocupação. E como a resolvem? Sempre obedientes às leis do país, os pais se unem, se organizam e constroem colégios onde a parte principal são os pais, depois o professorado, e finalmente os alunos. Assim, as crianças aprendem a ciência e a *politesse* humana, e ao mesmo tempo a fé cristã, como tu desejas. O que eu vi em outros lugares transmito a ti, caso tu e outras amigas queiram fazer a experiência. Eu sei que as leis deste país são muito amplas, e que tudo isso pode ser feito. Portanto, *ide em frente*. Se eu soubesse que estais empreendendo uma tarefa assim, rezaria muito para que o Senhor a abençoasse[3].

Iniciamos com a afirmação de São João Paulo II de que o Brasil precisa de santos. E terminamos com o conselho de um outro santo para atingir esse objetivo: *Ide em frente* na construção de bons colégios. Não ficar esperando que outros o façam. Os filhos que devemos formar são os nossos. Os principais interessados somos nós. Ao trabalho.

---

3   Palavras de São Josemaria Escrivá em reunião no Parque Anhembi (São Paulo) em 01.06.1974.

COLÉGIO DE EDUCAÇÃO PERSONALIZADA NO BRASIL

Escola AeD
Educação Infantil e Fundamental
São Paulo-SP
www.escolaaed.com.br | (11) 5090-8030

Centro Educacional Atobá
Educação Infantil
Florianópolis-SC
www.atoba.org.br | (48) 3337-4054

Escola do Bosque Mananciais
Educação Infantil, Fundamental e Médio
Curitiba-PR
www.escoladobosque.com.br | (41) 3352-4678

Colégios Catamarã
Educação Infantil, Fundamental e Médio
São Paulo-SP
www.colegiocatamara.com.br | (11) 3845-0866

Colégio Monte Alto
Educação Infantil
Rio de Janeiro-RJ
www.colegiomontealto.org.br | (21) 3177-3001

Colégio Navegantes
Educação Infantil
Londrina-PR
www.colegionavegantes.com.br | (43) 3337-2266

Escola de Educação Infantil Pampeano
Porto Alegre-RS
www.pampeano.org | (51) 3019-2528

Colégio Porto Real
Educação Infantil
Rio de Janeiro-RJ
www.colegioportoreal.org.br | (21) 2147-1006

Escola Infantil Viraventos
Brasília-DF
www.viraventos.com.br | (61) 9553-2323

Colégio Mirante
Educação Infantil e Fundamental
Belém - PA
www.instagram.com/colegiomirante/ | (91) 99266-4249

Escola Infantil Bons Ventos
Educação Infantil
Natal - RN
www.instagram.com/bonsventos.escola/ | (84) 98811-1352

Colégio Serra & Mar
Berçário e Educação Infantil
São José dos Campos - SP
www.serraemar.org.br | (12) 99762-0452

Colégio Alta Vista
Educação Infantil
Belo Horizonte - MG
http://www.colegioaltavista.com.br/ | (31) 2537-3773

Direção geral
Renata Ferlin Sugai

Direção editorial
Hugo Langone

Produção editorial
Juliana Amato
Ronaldo Vasconcelos
Daniel Araújo

Capa
Provazi Design

Diagramação
Sérgio Ramalho

ESTE LIVRO ACABOU DE SE IMPRIMIR
A 16 DE JULHO DE 2023,
EM PAPEL PÓLEN BOLD 90 g/m².